JN047466

「皮膚の変態」が本気で選んだ270品

悩みに「効く」コスメ

270 effective skincare cosmetics
selected by skinholictokyo

大野真理子

私が「皮膚の変態」を
名乗るようになった理由 ———

美容って、楽しくて優しい

こんにちは。「皮膚の変態」大野真理子です。
そう名乗り出して5年の月日が経ちました。

ただただ、皮膚管理が好き。
「美容は楽しくて幸せだ」ということを発信したくて
「皮膚の変態」という活動名をつけたのが始まりです。

生まれは神奈川県茅ヶ崎市内の駅からバスで15分。
中途半端に繁華街に出づらい環境と、恐ろしく規律の厳しい学校。
何かと不便な環境で育ちました。

幼い頃から美しいものが好きで、男性アイドルよりも雑誌の女性モデルが推し。
雑誌に掲載されている服も、「メイク」と「モデル」というフィルターを通すと、
すごく特別なもののように思えました。
誌面の世界にハマり、雑誌をスクラップしてはファイルにまとめ、
自分の好きな世界を繰り返し眺めて過ごした少女時代。
彼女たちの美しさは奇跡のようで、
自分の住んでいる世界との違いを強く感じたけれど、
いつかはその場所に近づいてみたくて、「ヘアメイク」が将来の夢になりました。

超コンサバな両親との約束で、メイクの学校に行くのは大学を卒業してから。
それでも東京に行けるならなんでも良かった。
狭い世界を飛び出して一人暮らしを始めた18歳の頃、大袈裟でもなんでもなく、
家にいるほとんどの時間をお風呂での美容に費やし、
アルバイト代はすべて化粧品代にぶち込んで、趣味は365日ダイエット。
夜遊びにもサークル活動にも、あまり興味はありませんでした。
「ヘアメイク」になりたいという夢はこの4年間で少し形を変え、
いつしかスキンケアにのめり込んでいきました。

社会人になって、父の会社で「tocco closet」という
アパレルブランドを立ち上げてから、
商いが私の人生の全てになりました。
「若いから」と軽んじられるのが悔しくて、
売り上げに一喜一憂しながらも
無我夢中で仕事に没頭していましたが、
ストレスであご下は万年ニキビだらけ。
課金しまくっても良くならない肌。
ファンデーションだけでは隠れない肌荒れ。
とにかく仕事、仕事、仕事。

自社ブランドの撮影で
夢の世界の住人だった人達に会えたとしても、
自分だけがボロ雑巾のように思えて
虚しさが募っていきました。
顔が小さくて肌がキレイで脚が長い人達に
無言の線引きをされているようで、
夢の世界はやっぱり遠いまま。

それでも美容は私に優しくて、
同世代よりもやや多めに稼いでいた給料を
ほとんど美容代に投資。
ラグジュアリーなデパコス、エステのチケット、
ジム、美容院、ネイル、まつ毛。
たまの休みのほとんどを美容時間に費やし、
仕事で溜まりに溜まったストレスを
放出していました。

肌悩み解決のお手伝いができたら

結婚・出産し、同時に仕事もしていた30代。
夫が飲みの席で「嫁の美容代は月30万(笑)」と語るのが鉄板ネタになるくらい、
皮膚管理が趣味になっていきました。
30代半ば頃、初めて脱毛以外の美容医療に挑戦。
フェイシャルレーザーを始め、ドクターズコスメデビューも。
性格的に試し出したら止まらないから、
ドクターズコスメはほぼ全ブランド網羅して、
その無臭の世界に沼った後、デパコスに里帰り。
自分の肌状態に合わせて、ミックス使いすることが定番になりました。

この頃SNSを始め、美容をきっかけに出会った友人と
「効いたコスメ」の情報をシェアし合い、新たに試すことが日課に。
アパレルの仕事で韓国に月1〜2回行っては、
コスメを爆買いし皮膚科で新しいレーザーを打って帰ってくる。
こうして私は「皮膚の変態」になりました。

いつの間にか課金額は月50万円超えに。
私の強みは圧倒的に、自腹課金でコスメを試した経験です。

膨大な量の化粧品の中から自分で購入して、自分の皮膚で試して見つけた名品達。
みなさまには同じような遠回りをしてほしいとは思いません。
試したその結果を包み隠さずこの本にまとめておりますので、
もし悩みをお持ちでしたら、少しでもお役に立てたら幸せです。

2024年　向春の候　大野真理子

「皮膚の変態」の美容医療課金歴

BOTOX

セアルロン酸

脱脂

タイタン
ピコフラクショナル

糸リフト

フォトフェイシャル

タイタン
ピコフラクショナル

BOTOX

スキンケアも、美容医療も、
たくさん手を出した……

美容医療と書いて「センス」と読みたい。
美容皮膚科に通うことが急にオープンになった昨今、私もたくさんの施術にトライし、良いものも悪かったものも経験した。
ここ数年で莫大に増えた美容医療の選択肢の中から、何をして何をしないかというチョイスは「顔面名刺」と言えるほど、その人の美的センスを表すようになったと思います。

経験を重ねて今思うのは、「皮膚は代謝し日々生まれ変わるもの」だから、毎日のスキンケアが基本だということ。朝晩、自分の皮膚に触れて感想を持ち、手入れをすることはその人の皮膚に生き様として表れる。
それに、ていねいにケアされた皮膚は、実はダウンタイムも軽かったりする。
スキンケアに大どんでん返しはないから、美容医療とうまいこと手をつないで、両軸の選択肢で皮膚管理する方法が今の気分です。

肌課金してきて思うのは
地道なスキンケアに
勝るものはない、ということ。
だからみなさん、
一緒に頑張りましょう！

Contents

私が「皮膚の変態」を名乗るようになった理由 …… 002

Chapter
1
毛穴・美白・たるみ・乾燥・ニキビ
5大悩みに効くコスメ …… 013

014 毛穴について
020 美白について
026 シーン別日焼け止めミシュラン
028 たるみについて
034 Column_01 エイジングは髪にも出るって本当？
038 保湿について
044 ニキビについて

Chapter
2
24時間美容漬け
「皮膚の変態」の鬼ルーティン …… 051

060 「皮膚の変態」のポーチの中身

Chapter
3
すべてを試した女のファイナルアンサー
「こんな時、どうする？」…… 063

064 「紺色族」の時のメイク
065 ビーチに行く時の肌づくり

066 大切なイベントの前のスキンケア　半年前編

067 1ヵ月前編

068 1週間前編

069 明日キレイになりたい時

070 大切な商談がある時のメイク

071 婚活の時のメイク

072 「ビタミンC」に埋もれたい時

075 「疲れてる？」と言われた時のメイク

Chapter 4

煩悩は次から次へと湧いてくる

「皮膚の変態」のボディ悩み格闘記 …… 076

078 私たちに「筋肉のガードル」が必要な理由

080 「腹の底からの冷え」に打ち勝つためにしていること

082 過剰な保湿にご用心……首のシワと格闘して学んだこと

084 「体が太りたがっている」押し寄せる食欲と理想体重とのせめぎ合い

086 後ろ姿は見ない方が幸せ？　背中美容のためにできること

088 産後の「脱力バスト」にかける言葉

090 ムダ毛問題は「終わりなき旅」

092 「匂い」を纏うのは「臭い」をケアしてから

094 「聞いてないよー！」私の産後に起きたハナシ

096 Column_02「皮膚の変態」がシートマスクを愛する理由

Chapter 5

人生の悩みも美容で解決しましょ
書籍版「真理子会議」 …… 101

102 「大人の色気」ってどこに宿りますか?

104 割り勘彼氏／キレイでいないと幸せになれない?
「翔平メソッド」／体の美白

106 アイクリーム／働く女にはSK-Ⅱ
筋トレ／服に日焼け止めがつく問題

108 エルメス理論／ニキビ跡の赤み肌
日本人の肌の美しさを誇ろう

110 どんな肌を目指すべき?

112 経営者に向いているタイプとは
ぽっちゃり体型／仕事と妊活

114 共働き夫婦の子育て問題／イライラしない心の持ち方
大きめバストに似合う服／同棲を始める時に気をつけること

116 「皮膚の変態」の究極の3着

118 ギフトを贈るならどんなアイテム?　3000円／5000円

120 ギフトを贈るならどんなアイテム?　10000円／50000円

122 ドラコスの神アイテム

124 髪型を変えるタイミング／いつも何食べてる?
ダウンタイムにおすすめのケア

Chapter 6

美の総合点を上げるなら
「細部」に宿る美しさのハナシ …… 126

128 Column_03「神は細部に宿る」は美容の真髄かもしれない

130 リップとハンド、本当に効くものは？

132 肌をキレイに見せるためのディテールケア

134 見えないところのインナー＆フェムケア

Chapter 7

困った時はプロに相談
医療の力を上手に借りよう …… 137

138 ドクターズコスメはどう使う？　どう選ぶ？

139 ３大ドクターズコスメの特徴とは
エンビロン／リビジョン／ゼオスキン

142 クリニック選びのポイントとは

143 「皮膚の変態」が信頼するクリニック10選

「皮膚の変態」の秘密の小部屋 …… 146

みなさまへ …… 154

Shop List …… 158

Are You Ama - Girl?

Chapter

1

毛穴・美白・たるみ・乾燥・ニキビ

5大悩みに
効くコスメ

誰もが直面したことのある、5つの肌悩み。
それに、結局のところ何をしたらいいか
正解が分からない。数多のコスメを試し、
努力を重ねてきた「皮膚の変態」が届ける、
5大悩みへの最終回答。

Five major worries

毛穴
について

汚れオフとエイジングケアに注力せよ

毛穴ケアにはNOファンデ、が最短の道

「毛穴」は美容系インフルエンサーからすると鉄板ネタだ。

毛穴について書けば、語れば、数字が取れる。日本国中の女子の毛穴がぱっかんと開いているのかしらと思うほど、みんな毛穴について悩んでいるらしい。

1ミリにも満たない穴に「たるみ」「黒ずみ」「詰まり」といくつもの名前をつけて、私の毛穴は何かしら？と探してみたりする。「どんだけ自分が好きやねん」と思いながら、自分探しビジネスの奥深さを知るのである。

長年皮膚管理をしている私は、毛穴ケアと書いて、「放置」と読む。

毛穴が気になって夢中になるほど、その悩みに翻弄され、拡大鏡を見つめては独りよがりにコンプレックスを膨らませることになる。

気にせず放置しているくらいがちょうど良い塩梅だったりするのを、まず知ってほしい。

そう思うようになったきっかけは、お世話になっている某化粧品会社のPRで長年NOファンデの方のお肌を見てからだ。もう10年以上ファンデを塗っていないというその肌は、恐ろしくなめらかで見惚れるほど毛穴レスだ。

それからというもの、私は毛穴の目立ちが気になったら大切な用事があるとき以外、思い切って暫くファンデを塗るのをやめてスキンケアを頑張ることにした。

荒療治ではあるが、かなり変化があるのでおすすめです。

毎日しっかりメイクしながら、毛穴レスな肌を手に入れようとすることは、ビーチでビキニ姿を見せびらかしながら「美白肌が欲しいです」と言うのと同じだ。

欲張るな。諦めることがあるからこそ、手に入るものがある。

ところでみなさんには毛穴の叫びは聞こえてますか？

あなたの弱さや過ちを一手に引き受け、責められてばかりの毛穴は、もう限界だと叫んでる。保湿を怠り、たるみ、酸化した脂を放置して黒ずみ、過剰にピーリングして赤みを帯びた毛穴。

好きで開いてるんじゃない、すべてはあなたの日常生活に原因があるのだよと叫び辟易している。悩みの本質から逃げていては、毛穴ケアはできないのです。

それはまるで、別れた彼とよりを戻したいなら、ヒステリックにラインを送りまくるより、2人の間にできた歪みの原因から逃げずにじっくり向き合うのが何よ

りも大切なことであるように。

食生活、スキンケア、メイク方法、ぐるりと反省することで、あなたの毛穴悩みの原因があっさり見つかったりするのである。

それでも今すぐ、簡単に毛穴をキレイにしたいよという方に、いくつかおすすめの方法をお伝えしようと思う。

まずは週1回程度のクレイパックまたは酵素洗顔。

角質を取る系のケアはやりすぎると肌が敏感になるので、個人的には週1程度がおすすめです。

そしてビタミンCを摂取する。ビタミンCは身体から排出されていくので、一日何回かに分けて。皮脂の抑制や抗酸化作用もあるので美肌づくりに欠かせない。さらに、ビタミンCを塗布する。皮脂を抑制するので黒ずみ毛穴を防ぐことができます。

適量の皮脂を取り除き、ビタミンCで中から外からのケアをすると、だいぶ毛穴は落ち着いてくる。あとは何かを過剰にやりすぎず、まっとうな食生活を送ってください。

ちなみに、自分の毛穴はともかく他人の毛穴が気になったことはありますか?

久しぶりに会った友人を見て、なんか老けたなぁ(失礼!)とは思っても、昔より毛穴が広がったなぁなんて感想を持つことってまずない気がするのです。

そう、他者からの目線は基本どんなに至近距離でも1メートルは離れているもの(exc.彼氏)。自分でまじまじと見ている毛穴のぽつぽつは、他人からはほぼ見えてない。実は「その毛穴、思ってるほど目立ってない」のです。

日々の美容のモチベーションが50%自分のため、50%他者目線意識だとしたら、自己満足の毛穴ケアにちょこちょこ手をかけるよりも、「引き」の自分の見え方のケアに時間もお金も投資する方が、簡単にキレイ見えを獲得できると思うのです。

毛穴などの小さい点にフォーカスするのも良いけれど、引きの目線を持つことで日々のおブス(自分比)は回避できる。むくみや髪の毛、ボディライン、フェイスラインなど「線を管理」して総得点のアップを狙っていきたい。

Cosmetics

毛穴ケア「皮膚の変態」の最終回答！

「黒ずみ」や「詰まり」に始まり、年齢を重ねて気になり始めた
「たるみ毛穴」。そんな長年の毛穴悩みに全方位アプローチ。

1

パワフルに毛穴を蒸し上げる

濃密パワースチームが叶える、摩擦レスなディープクレンジング。毛穴汚れを落としながら、肌もふかふかに！ ブライトクリーン ¥39600／ヤーマン

2

ミルクなのにしっかり落ちる

洗浄力と保湿力のバランスが◎。浸透型ビタミンC誘導体APPSが毛穴を引き締める。ララビュウホワイトC クレンジングミルクEX-L 150ml ¥3960／潤子ララビュール

3

毛穴汚れや古い角質をオフ

泡立たないジェルタイプの洗顔料。汚れに密着して、毛穴に詰まった角栓を分解洗浄。エスト クラリファイイング ジェル ウォッシュ 130g ¥4950／花王

4

黒ずみを優しく強く、溶かし出す

黒のジェルが30秒で毛穴の黒ずみや詰まりを溶かし、つるんとなめらかな小鼻に。ソフィーナ iP ボアクリアリング ジェル ウォッシュ 30g ¥1980※編集部調べ／花王

5

荒れ地のような肌を耕して整える

毛穴が目立つ荒れ地のような肌を落ち着かせて、バランスを整える拭き取り化粧水。フェイシャル トリートメント クリアローション 230ml ¥12100／SK-Ⅱ

真っ直ぐ毛穴を小さくしたい人に！

毛穴の開きやキメの乱れに働きかけるピュアビタミンCを高濃度配合。ハリや乾燥小ジワにも◎。オバジC 25セラム NEO 12ml ¥11000／ロート製薬

6

7

たるみ毛穴をふっくら見せる救世主

脂肪幹細胞を活性化させて、ハリの源にアプローチする成分を高配合。エピステーム ステムサイエンス リフトクリーム b 45g ¥36300／ロート製薬

How to

「大人の毛穴」は汚れを取る×エイジングケアの両方を

大人の毛穴ケアは、若い頃のケアとは異なります。毛穴汚れを取ったら、
引き締めるケアとエイジングケア、両方のプロセスが必要です。

汚れを取る

1　スチーマー

スチームを当てながらメイクオフして、効率的にディープク
レンジング。毛穴を蒸し上げて、汚れを落としやすく！

2　クレンジング

汚れは的確に落としながら、うるおいは逃さないことが重要。
しっかり落ちるミルクタイプのクレンジングを厳選して。

3　洗顔

洗顔料は肌への密着度が高いジェルタイプをセレクト。顔全
体の汚れやくすみを取り払って、フラットな状態に。

4　スポッツケア

小鼻の黒ずみが気になったら、週1〜2回の集中ケアを。顔が
軽く水で濡れている状態で、黒いジェルをポイント塗り。

引き締め

5　化粧水

汚れを取るプロセスの後は、肌のバランスを整える化粧水を。
荒れ地のような肌を耕し、うるおしていくイメージ。

6　ビタミンC美容液

開いた毛穴をキュッと引き締めてくれる、ピュアビタミンC
の美容液を投入。4〜5滴ほどを顔全体に馴染ませる。

ふっくら
させる

7　クリーム

エイジングケアの視点で、たるみ毛穴をふっくら見せる濃密
クリームをプラス。ハリがあれば毛穴も目立ちにくい！

Special Care

医療の力を借りるならココへGO！

生まれつきの肌質や誤ったホームケアで毛穴が目立つことも。
医師の正しい診断と自分に合ったケアで、毛穴レス肌を目指したい。

「皮膚の変態」的おすすめ施術

ピコフラクショナル

ピコレーザーで皮膚に微細な穴をあけて、肌の自己再生力を利用。肌がふっくらして、毛穴が目立ちにくくなるのがポイント。"軽く"当ててもらうのが真理子流。

「毛穴」を極めるならこの先生に相談！

JUN CLINIC 白金
菅原 順先生

**見極めが難しい毛穴を
正確にジャッジ！**

汚れが詰まっているのか、たるみなのか、見極めが難しい毛穴。それぞれの肌状態に合わせてカスタマイズ治療をしてくれるため、安心してお任せできます。

CLINIC DATA
⊕東京都港区白金台3-16-13 白金台ウスイビル8F
☎03-6456-4997
⊗月〜土9:00〜17:45、日9:30〜18:15
㉁不定休

美白
について

白肌には徹頭徹尾「色を抜く」ケアを

「海女なの?」

海に行った写真を見せると、その姿にたいていドン引きされながらこんなコメントを頂く。いや私だってインフルエンサーのはしくれだもの、可愛い水着を着て映える写真の1枚でも撮って投稿したい。しかし、夏の外出にどんな時も海女、もしくは黒子のような格好で出かけるには訳がある。

昨年はいつになく紫外線を浴びた夏だった。8歳になる息子が泳ぎをやっと覚え、プールにドハマりした。区民プール、サマーランド、旅行は宮古島へ、とにかく泳ぎまくった夏休み。

「夏休み」っていう言葉は、これ、罠ですね。母たちからすると「夏労働」。三食のご飯と、リフレインする「ママー!」の呼び声。終わらない読書感想文と、一生片付かないリビング。思わず、夏休み早く終わってくれと願ってしまう。なんだか自分のケアも疎かになりがちで、秋の涼しい風を頬に感じる頃、気になってくるのはジワリと浮かび上がる黒いシミ。一生懸命頑張った、その勲章が顔に浮かび上がる黒い模様。

神様はつれないです。そう思っても後の祭りで、何があろうとも顔は自分で管理しなきゃいけないもの。消えては現れる私のシミ管理人生を振り返ってみたい。

美容医療に沼ってから数年。コスパのいいものから悪いものまで手を出した。秋になるとInstagramの質問箱には必ず「シミ治療のおすすめを教えてください」というコメントを頂く。私は、フォトフェイシャルとスポットレーザーでシミと戦ったの。シミ治療を代表する2つだと思う。

美容医療が迷子になりやすいのは施術名と機械名があるところ。チョコレートにも明治と森永とロッテがあるみたいな感じで、「フォトフェイシャル」の中にも、"フォトフェイシャルM22""ライムライト""ルメッカ"などの機械名があり、「スポットレーザー」にも"ピコ""YAG""ルビー"など種類がある。

30代半ばのある日、ぽつぽつと浮かび上がったシミに、フォトフェイシャルを当ててみた。黒ゴマみたいに濃くなったシミはしばらくして薄いかさぶたになり、1週間ほどでペロリとむける。「えー! すっきり! こんなに簡単なの?」。嬉しくて2回3回と続けていたある日、鏡を見ると光の加減で浮かび上がってくる頬の上のぼんやりとしたグレーの影。

その正体は肝斑でした。私の肌には肝斑が住んでいた。良かれと思って繰り返したフォトフェイシャルで、それが悪化し浮かび上がってきた。美容医療あるあるの「良かれと思ってやったら悪化」現象です。ビフォーアフターが劇的なものが多いだけにリスクも伴うから、その取捨選択はおのずと慎重になる。

肝斑を治療するために地道にトーニングを繰り返すうちに、お肌が自分史上最高の透明感に溢れ、満足感に浸りながらも残ったシミが目立ってきた。そして何度かヤグレーザーを残ったシミに当て、今に至ります。それでも、鏡に5センチくらいまで寄ると見えるうっすらとしたシミは、完全に消えることがない。薄いシミほどレーザーは反応しにくく、色素沈着を起こす可能性があるのでなかなか治療に踏み出せない。

シミができたらがつーんとレーザー当てたら良いんでしょ？と思っている方に、是非お伝えしておきたい。「薄いシミはなかなか消えないし、マジコスパ悪い」ということを。

結局予防が一番というところに戻り、冒頭のような格好でプールやテーマパークに行くようになった。プールや海で日焼けするのは当然だが、テーマパークの照り返しはエグい。そのせいで帽子や日傘だけでは到底日焼けを防ぎきれない。これには最近投入した「ヤケーヌ」というマスク調のUVグッズが本当に役に立った。帽子をかぶり「ヤケーヌ」を装着するとほぼ目しか出ないので不審者感は半端ないし、一緒に行く家族や友人は不快感極まりないと思う（なんかごめん）。しかし見た目よりかなり涼しく、気持ちの良い汗をかくくらいで暑かったりすることがないので、熱中症にもなりにくい。もちろん、日焼け止めをしっかり塗った上から装着してください。日差しを浴びた後は48時間以内のスキンケア、インナーケアが物を言う。トラネキサム酸やビタミンCを外から中から取り入れる。美白化粧品なんて効果があるの？　などと馬鹿にしてはいけない。地道なケアは透明感を導き出す。そうこうしているうちに、9月に入り、秋の風を感じるようになる。大変だけど大好きな夏が終わっていく。そうしたら今度は乾燥の波が押し寄せる。女の美活動は休む暇なんてないのである。

Cosmetics

美白ケア「皮膚の変態」の最終回答！

シミの黒や赤みなど、とにかく色ムラのない肌が理想。
「色を抜く」ことに全力を注ぐのが、真理子流美白ケアの極意。

2

余分な角質を取り払って透明感を

心地いい潤いを与えながら、汚れをしっかり優しくオフする拭き取り化粧水。KANEBO ラディアントスキン リファイナー 200ml ¥4950／カネボウインターナショナルDiv.

1

水素で赤みを抜いて速効白肌へ

肌の上で直接水素が発生。微発泡した生クリームのようなパック。MyNADESHICO emu H2モイストジェルパック 10回分¥15400／アンジェラックス

くすみと赤みを同時に払拭、うるおいも

メラニンの蓄積を抑えてシミ・そばかすを防ぐ美白有効成分のほか、肌荒れを防ぐ成分も。ホワイトショット マスク QXS [医薬部外品] 7包 ¥7480／ポーラ

3

黒を押さえ込む「コウジ酸」の実力

継続しやすいサラサラのテクスチャー。ホワイトロジスト ネオジェネシス ブライトニング コンセントレイト [医薬部外品] 40ml ¥16500／コスメデコルテ

4

5

朝の乳液は黙ってSPF／PA付きを！

日中の紫外線と乾燥対策。クレ・ド・ポー ボーテ エマルションプロテクトゥリスn [医薬部外品]〈SPF25／PA+++〉125ml ¥13200／クレ・ド・ポー ボーテ

How to

即効ケアと長期的ケアを一度に叶える

今日の「白」と長期的な「白」を、同時にケアしていくことが重要。
美白ケアはトラネキサム酸やビタミンCなど必ず内服とセットで。

「色を抜く」
ケアを
何層にも
重ねる

1　水素パック

ジェルとパウダーを混ぜ合わせてぷくぷく発泡してきたら、
顔全体に塗って15〜20分おく。赤みを抜く水素パックは活
性酸素を取り除く効果もあり、即効くすみ抜け！

2　角質オフケア

シートマスクや美容液で美白有効成分を入れていく前に、拭
き取り化粧水で軽く角質をオフ。肌をまっさらな状態にして
おくことで、次に使うスキンケアの効果がより高まる。

3　美白シートマスク

今日白くなりたいなら、美白シートマスクで即効くすみケア。
美白はもちろん、紫外線や乾燥などによる肌荒れケア、保湿
ケアも叶えてくれる多機能マスクが頼りになる存在。

4　美白美容液

長期的な美白ケアとしては、美白美容液を根気強く継続する
こと。美白研究の長い歴史と最新のサイエンスを信じて、使
い続ける！　朝晩使いやすいテクスチャーを選ぶのもカギ。

5　日焼け止め乳液

朝はスキンケアの一環で使える、日焼け止め成分が入ってい
る乳液が大活躍。首やデコルテ、手元までしっかり塗ること。
うっかり焼けを防いで、余すところなく美白ケア。

Special Care

医療の力を借りるならココへGO！

ビタミンCやトラネキサム酸、グルタチオンなどの美白有効成分を、
真皮まで、大量に、届けることができるのが美容医療。

「皮膚の変態」的おすすめ施術

**デルマシオ or
ビタミンC注射**

イオン導入の約70倍、ビタミンCやトラネキサム酸を真皮まで導入できる「デルマシオ」が推し。急ぎの場合は「ビタミンC注射」が一番早い！

「白さ」を極めるならこの先生に相談！

ANGIE CLINIC
名倉直彌先生

**結婚式やデート前も
安心して受けられる**

明日、明後日キレイになりたい、大切な予定の前に駆け込むならこちら。「ハイフシャワー＋グルタチオン導入」もほぼノーダウンタイムでおすすめだそう。

CLINIC DATA
⊕東京都渋谷区渋谷1-23-16 cocoti 3F
☎03-6427-5600
⊛10:00〜19:00
㊡不定休

シーン別日焼け止めミシュラン

改めて、美白のためには地道な予防が一番。
メイクのように、日焼け止めだってシーン別に！

乾燥
オフィス
対応

1

2

3

4

POLA
B.A
ライトセレクター

ALBION
スーパー UV カット
インテンスコンセントレート
デイクリーム

COVERMARK
トリートメント
デイ クリーム

**clé de peau
BEAUTÉ**
クレーム UV n

美容クリームのような心地よさ

1 乾燥肌の人に最強推し！ 紫外線と近赤外線をカット。〈SPF50＋／
PA＋＋＋＋〉45g ¥12100／ポーラ **2** 美容成分多めでハリと透明感。
〈SPF50＋／PA＋＋＋＋〉50g ¥11000／アルビオン **3** 重くないの
にしっとり、手に取る率No.1のデイクリーム。〈SPF50＋／PA＋＋＋＋〉
50g ¥8800／カバーマーク **4** 上質なツヤを生む貴族クリーム。
〈SPF50＋／PA＋＋＋＋〉50g ¥11000／クレ・ド・ポー ボーテ

化粧下地兼用

1

2

3

KANEBO
クリーム
イン デイ

**clé de peau
BEAUTÉ**
クレームタンテ UV

FATUITE
ブライテスト
マルチ
プロテクション
デイクリーム

塗り忘れによる
うっかり焼けを防ぐ

1 うるおいが続く朝用UVクリーム。乾燥する秋冬はこれ！〈SPF20／PA+++〉40g ¥8800／カネボウインターナショナルDiv. **2** くすみや色ムラをカバーする色付きタイプ。〈SPF50+／PA++++〉30ml ¥8800／クレ・ド・ポー ボーテ **3** エイジングの進行や環境ダメージから肌を守る。〈SPF30／PA+++〉50g ¥7920／FATUITE

リゾート対応

1

2

Bioré UV
アスリズム
プロテクト
エッセンス

ALLIE
クロノビューティ
ジェルUV EX

汗や水分、擦れに
強いのが必須条件

1 擦れに負けないタフさが心強い。〈SPF50+／PA++++〉70g ¥1980※編集部調べ／花王 **2** 塗りたいと思わせてくれるような、みずみずしい軽めのテクスチャーが助かる。〈SPF50+／PA++++〉90g ¥2310※編集部調べ／カネボウ化粧品

デイリー向け

KOSÉ
雪肌精
みやび UV
ディフェンス AG

無印良品
敏感肌用
日焼け止め
ミルク

1

DECORTÉ
サンシェルター
マルチ プロテクション
ベリーウォーター
レジスタント

2

3

敏感肌にも嬉しい
石けん落ちタイプ

1 さっぱりしているのに、つやりと光を宿す。〈SPF50+／PA+++〉40g ¥3850※編集部調べ／コーセー **2** 日焼け止め嫌いにも推せる石けん落ちUV。10本リピ済みの名品！〈SPF50+／PA++++〉35g ¥3300／コスメデコルテ **3** 保湿力があるのにベタつかないのが魅力。倍のお値段でも買いたいくらいの使いやすさ。〈SPF27／PA++〉150ml ¥1490／無印良品 銀座

たるみ
について

たるみには長い目で見た地道なケアを

定点観測すると目立つ顔まわりの「経年劣化」

夕方の洗面台。鏡に映った自分の顔を見て、頬に手を当てる。
耳の方にそっと引っ張って、「わがままは言わないから、せめてこのくらいはリフトアップできたらいいのに」と思う。手を離したら一気に現実が押し寄せてくるが、忙しいこの時間にそんなことも言っていられない。ぷぅっと頬に空気を入れて、その一瞬薄くなったほうれい線を確認してから、夕飯の準備に取りかかる。

老化というのは不思議なもので、去年の写真と比べるとあまり変わってないのに、3年前と比べるとグッと変化を感じる。ほうれい線の深さとかシワとかそういったものではない「経年劣化」。ついでに貫禄も加わったりして、女は迫力を増すのである。そもそもたるみというのはなぜ起こるのかというと、皮膚の弾力の低下と皮下脂肪を支える靭帯の衰えが原因らしい。加齢や酸化ストレス、光老化で傷ついた靭帯に今までと同じ量の脂肪が乗るから、重力に負けて垂れ下がる。
そしてそこに覆いかぶさっている皮膚は、日々の摩擦や紫外線、悪い生活習慣の蓄積で弾力が失われグシャリとしたアルミホイルのようにハリを失っていく。
さまざまな要因が少しずつ重なって、ほうれい線やあごの下の肉、まぶたの垂れとなっていくのだ。だからたるみは、そのパーツパーツに目を向けるのもいいけれど、全身を引き上げる心意気で向き合う方がトータルバランスを崩さずにいられる。血流、栄養、筋肉、そして紫外線対策ね。美容の基本でございます。

さて、たるみへの対策、美容医療では何ができるのだろう。美容がお好きな方なら一度は聞いたことがあるだろう「ハイフ」。皮下組織とSMAS筋膜に熱エネルギーを加え、引き締める施術だ。
ステーキ肉を焼くと小さく縮むように、脂肪がキュッと小さくなったと感じる。なんとなくモタつきがすっきりするので、ハマる人の多い施術だと思う。
そして、丸めて伸ばしたアルミホイルのようにシワが刻まれていく皮膚。これを伸ばし、引き締めることも顔の印象を変えると思う。高周波の「FORMA」や近赤外線の「タイタン」などのレーザーで、アイロンをかけるように手入れする。ピンとハリを持たせると、不必要な影がなくなって顔がふっくら見えてくる。ダウンタイムもなくできるので私もお気に入りの施術だ。

これらが美容医療でできるベーシックなたるみへのアプローチ。効果がずっと続くわけではないので、継続が大切だと思う。

そして、手軽にお家でできること。紫外線対策で日焼け止めをしっかり塗ったり、きちんと保湿を心がける。プロテインやビタミンCは欠かさないし、ストレッチも頑張ってる。老化防止には「糖化」を防止することも必要というけれど、甘いものはやめられないからそこはちょっとだけスルーする。ホームケアって本当に地道だ。地道すぎて効いてるのか？　と思いたくなるけれど、皮膚管理に関しては、ホームケアなしで大どんでん返しはあり得ないと思っている。

先日、久しぶりにエステでフェイシャルを受ける機会があった。
オイルを伸ばして頬骨の下、耳の下、ていねいにマッサージされると、これが痛い痛い。美容医療を受けているのもあるし、「摩擦レス」が流行っている今、めっきり顔をマッサージすることがなくなっていた。微睡みながらそんなことを思い、エステティシャンに顔を委ねて1時間後、ほうれい線も口横のポニョたるみもスッキリしてる。顔、凝ってたんだなぁ。

そういえば、先日友人に会った時、「フェイスポインター」という細い棒で顔に圧をかけ、凝りをほぐす器具をすすめられたっけ。「最近レーザーをしていないのにフェイスラインが崩れない！」とその友人が力説してた。帰ってからAmazonで即ポチることにする。家にいる時間、ずっと使っても全部使い終わらないくらいの数の美顔器をすでに持っているけれど、気づかないふりをする。少しの諦めと少しの希望。その両方を天秤にかけて、それでもやっぱりおすすめと言われると色々と試したくなる。費用対効果はさておき、美容とはそんなものなのだと思う。「ビタミンがハリにいい」と聞けばビタミンCもAも、と欲張って塗りたいし、頭皮と顔は一枚皮だから、「頭皮マッサージがたるみに効く」と聞けばヘッドマッサージ器が欲しくなる。
ハマったり飽きたりを繰り返して、諦めずにエイジングにゆるやかに抗う気持ちを捨てずにいることは、とても大事なことのように思う。
ほうれい線やシワが薄くなるのを夢見ながらもなんとなくわちゃわちゃと、楽しく笑って暮らしていたい。シンプルな暮らしやミニマリストにも憧れるけど、私の鏡台はやっぱり今日も化粧品で溢れている。

Cosmetics

たるみケア「皮膚の変態」の最終回答！

エイジングにゆるやかに抗うには、地道なホームケアの積み重ねを。
年齢を重ねていくのを悲観することなく、楽しみながら皮膚管理。

1

頭皮をほぐして
巡りケア

頭皮を柔らかくして、ストレッチするのに役立つオイルをブレンド。ヴェリマ スカルプ&ヘアトリートメント 50ml ¥5500／ケーツー・インターナショナル

2

3種類のペプチドで
即効のハリ

エイジングサインにアプローチする、3種類のペプチドを配合した導入美容液。エンビロン フラウンセラム 20ml ¥18040／プロティア・ジャパン

4

フェイスライン
激変の衝撃！

肌の弾力を維持するメカニズムをサポートするエイジングケア美容液。頬の肉の位置まで変わる!? ザ・ファーミングセラム 30ml ¥60500／ラ・メール

3

肌の内側から
ふっくらを実感

ハリの土台をつくる角質細胞の全層に働きかけ、内側からうるおって弾むようなハリ！ オバジX フレームリフトローション 150ml ¥5500／ロート製薬

6

シワケアをしながら
シルクスキンへ

シミ・そばかすを防ぐだけでなく、シワを改善してくれるナイアシンアミドまで配合。センサイ AS イルミナティブクリーム［医薬部外品］40ml ¥22000／カネボウ化粧品

継続ビタミンAで
肌にハリ貯金

ビタミンAとペプチドがキー成分の保湿ジェル。ビタミンA濃度はそれぞれの肌状態に合わせて4段階でステップアップが可能。エンビロン C−クエンスセラム 4プラス 35ml ¥26400／プロティア・ジャパン

5

How to

頭からフェイスラインまで。「上と下」からせき止める

頭皮と顔は繋がっているため、まずは血流を巡らせるイメージで
頭皮をほぐして。スキンケアはハリ貯金を意識して土台を形成!

ほぐす

1 お風呂で頭皮マッサージ

オイルを頭皮に塗布し、側頭筋や首の後ろを中心に揉みほぐ
す。血行が促進され頭皮が柔らかくなり、おでこのシワ予防に
も! オイルでもベタつかず、髪が根元から立ち上がるのが優秀。

2 ペプチド配合導入美容液

洗顔後まず使うのは、ハリ不足に働きかける3種類のペプチ
ドを配合した導入美容液。年齢が出やすい眉間や目尻、おで
こなど、表情サインが気になる部分を意識して。

ハリ感UPの
土台をつくる

3 ハリ感UP化粧水

化粧水で角層までうるおいで満たすことで、ハリの土台を
作っていく。とろみのある化粧水を手のひらに取り、肌の内
側までしっかり浸透させるように顔全体を包み込んで。

4 即効ハリ美容液

先進科学を取り入れた貴族美容液なだけあって、フェイスラ
インが引き上がるのを即実感できる逸品。首まで丁寧に伸ば
したら、顔の肉を持ち上げるように下から上へ!

ふっくら
させる

5 ビタミンAの保湿ジェル

朝晩使えるビタミンAの保湿ジェルは、継続して使うことがハ
リ貯金のポイント。ビタミンAの他にも、ペプチドをはじめとし
た美容成分が贅沢に配合されており、エイジングケアに最適。

6 エイジングケアクリーム

肌をふっくら見せる、シワ改善効果のあるエイジングケアク
リームを投入。乾燥によってたるみが発生するのを防ぎなが
ら、気になるシワや毛穴、キメの乱れを光のヴェールでカバー。

Special Care

医療の力を借りるならココへGO！

顔の印象を決めるといっても過言ではない「たるみ」。
トラブル回避のためにも、形成外科医在籍のクリニックを選んで。

「皮膚の変態」的おすすめ施術

ハイフ or ポテンツァ or タイタン

脂肪に熱を加えて引き締める「ハイフ」、ハリと弾力を生む「ポテンツァ」、シワを伸ばす近赤外線レーザー「タイタン」など。先生と相談しながら自分に合う施術を。

「たるみケア」を極めるならこの先生に相談！

目黒げんクリニック
市原佑紀先生

形成外科医に相談するのが正解

形成外科の先生が在籍しているクリニックを選んでください。トラブルも多く報告されているので、必ず正しい知識と技術力のある人に施術してもらうこと！

CLINIC DATA
㊟東京都目黒区目黒1-6-17 Daiwa目黒スクエア8F
☎03-6420-3944
㊙9:00〜18:00
㊡土日祝日・年末年始

エイジングは髪にも出るって本当?

頭がかゆくてたまらない

入学式や卒業式など、父母も集まる会があると、ついつい髪チェックをしてしまう。自分と同世代くらいの人の頭皮事情を一気に見られるシチュエーションは、そうそうない。

年齢を重ね、人生の年輪の分だけうねり、カサつき、白髪混じりになった大人たちの前方に、引き締まったキューティクルとツヤにあふれた子供たちの髪がなびく。

「あの方は分け目を変えたらぐっと印象変わるけどなぁ」

「頭皮が凝っていそうだから、後ろから揉んで差し上げたい」

などと思いながら人生模様を勝手に想像して、生きるってこういうことよね、経験を積み重ねて変わってきた私たちの髪も悪くない、と思う。

私は2人目の子供を出産した後、突然髪に二つのトラブルが現れた。

一つ目は頭皮のかゆみ。仕事中、テレビを観ている時、無意識に頭をかいてしまう。みっともないと分かっていても、かゆくてかゆくてたまらない。

どうにかしなきゃと思って、まさか30代で取り入れるとは思っていなかった頭皮ケアを始めてみた。かゆみの原因は乾燥だった。

洗浄成分が強すぎない美容院専売品の高級シャンプーに替え、保湿効果の高い頭皮用エッセンスを塗布。さらには美容院でカラー前にスプレー式のオイルを塗布してもらうことでだいぶ改善した。今でも街中で頭をかいている人を見るとつい気になって、乾燥なのよそれ、と教えて差し上げたくなる。

これを機に私は頭皮ケアにドハマりした。

エッセンスを塗り頭皮をマッサージしていると、どのあたりに凝りが集中しているかが分かる。ガチガチに凝った頭皮は手でほぐすにはかなり力が必要なので、マッサージギアやかっさを使うのがおすすめです。

側頭筋や首の後ろを念入りにほぐすと、血流がぐぐっと良くなって顔色は明るく、目は開けやすくなる。

髪のトラブルの改善は急がば回れ。

血流を良くするためには頭皮マッサージと、たんぱく質、鉄、亜鉛などの栄養素をしっかり摂り、紫外線を極力避けることが重要だそう。顔の皮膚と同様に大どんでん返しは難しいので、日々のケアがとても大切。

そして顔と頭は一枚の皮でつながっているから、頭皮のケアは顔のむくみやたるみにも相乗効果が期待できる。特に朝、メイク前に行うと効果を実感しやすい。
10分程度、頭皮マッサージや肩、首のマッサージを取り入れるだけで、仕上がりがだいぶ違うそう。

そして私を悩ませたもう一つのトラブルがうねり。ある日マンションのエレベーターの鏡を見たら、なんか頭が四角い。
ブローしても一向にまとまらない。どストレートの髪質で何十年も生きてきたから原因が分からず美容院に駆け込んだら、後頭部のある一部分だけ突然うねうねとクセが出ていた。
それ以来、一年に1回程度、その一部分にだけ矯正ストレートパーマをかけている。
最近のストレートパーマは髪へのダメージが著しく減った。
学生時代に安室ちゃんに憧れてストレートパーマをかけてぼろぼろになったことがあったが、だいぶ進化を遂げていて、ほぼ傷みも出ずに、矯正をしていない部分にも自然に馴染んでいます。
今はまだ白髪はそれほど気にならないが、いつの日か増えてきた時、このほぼ地毛に近いダークトーンのカラーは卒業しなきゃいけないのだろうか。
黒髪の中にぽつりとある白髪はとても目立つから、白髪が増えるとみなさん明るいカラーリングかメッシュのような馴染ませカラーにしていることが多い。
カジュアルな雰囲気の方がメッシュヘアだとなんだかおしゃれだけど、コンサバ女にハイトーンやメッシュはハードルが高い。
もしその時が来たら髪をボブくらいに切ってみようかな。
髪に合わせて洋服も変化させる必要がありそうだ。
30代後半くらいになるとテンプレみたいに自分の髪型が決まってきて、もはやそれが自分の代名詞みたいにもなるから、大幅なイメージチェンジにはとても勇気がいる。
けれども、歳を重ねて変わりゆく自分も楽しみたい。
もちろんいいことばかりじゃないけど、引き締まったキューティクルヘアだった頃より気にならなくなったことも増えてきて、心は軽やかでいられるんだもの。

Q. 年齢を重ねた髪にはどんなケアをすればいい?

1

シャン×トリの自由な
組み合わせが可能

3

根こそぎすっきり
炭酸泡シャンプー

2

海外の硬水でも
髪が傷まない実力派

A. 優しい洗浄成分のシャンプーで洗いすぎないようにすること、そしてトリートメントを頭皮につけないこと。頭皮はトリートメント成分を必要としていないので、毛穴の詰まり防止のためです。頭皮のクレンジングと保湿はセットで行いましょう。

お家トリートメントが
サロンクオリティに

傷んで痩せた髪を
修復して健康に

頭皮にうるおいを
与えてかゆみを
出さない

ドライヤーの熱から
守って、つるサラ！

うるツヤ髪を育む
頭皮用美容液

1 スカルプケアとエイジングケアを兼備。イイスタンダード シャンプー スカルプ 600ml ¥5280、美容成分95%以上、髪の傷みを補修する速攻型トリートメント。同 トリートメント キューティクルニュートリション 600ml ¥5280／ともにSUNTEC **2** シルクやキトサン誘導体が傷んだ髪を補修する、ナチュラル処方シャンプー。ソープオブヘア・1-G 265ml ¥4180、アボカドオイルなどの天然成分が指通りの良いツヤ髪に導く。トリートメント オブヘア・2-Ma 210g ¥4180／ともにオブ・コスメティックス **3** 養毛エキスをたっぷり含んだ炭酸泡で、マッサージしながら汚れをオフ。アマトラ メゾフォルテ スカルプエステ 190g ¥6050／アマトラ **4** 超音波振動で髪内部にトリートメント剤が浸透。普段のケアより約22倍の浸透力。シャインプロ ¥27500／ヤーマン **5** 夜寝ている間にうるおいバリアを形成し、頭皮の老化を防ぐ。スカルプ ソリューション オーバーナイト セラム 50ml ¥7370／アヴェダ **6** 髪と同じ成分で集中補修し、痩せた髪にハリとコシ。ボリュームUPも！ サロン用ヘマチン原液 100g ¥3480／ナチュラルブランド **7** 世界最先端美容成分21種類配合。ダメージ修復・頭皮再生・リフトアップを叶える。ビーツ1 スペシャルウォータートリートメント 300ml ¥3300／f.a.products **8** 熱に反応して髪表面に被膜を形成。枝毛や切れ毛、うねり予防にも。ザ セラムアフターバストリートメント 120ml ¥3850／mukii

保湿
について

「自分でうるおう肌」のつくり方

「杏仁豆腐肌」がアイデンティティ

先日某誌の企画で、美容業界のレジェンドたちと座談会でご一緒させて頂く機会があった。創刊から毎号欠かさず、発売日の朝にコンビニに買いに行きその雑誌を読みこんでいた私にとって、彼女たちはまるで嵐やBTS、TWICEみたいな存在。そんな方と対談するものだから朝からガッチガチで、「これはどっきりか?」と頬をつねりながら撮影に向かった。結果はみなさん本当にお優しく、憧れのアイドルを目の前にひたすら楽しい時間を過ごしたのだが、「誰かから評価されようとする時」って緊張も相まって、時にストレスフルだなと感じたりもしたのである。

"大野さんらしい表現で""大野さん独特の"などと言われるたびに「自分らしさって何?」と立ち止まってしまう。「こうなりたい」と思い描いた理想を少しずつ現実化しようと努力すれば、それが積み重なり自分の印象となるわけで、なるべくいつも具体的な理想を描くことにしている。
つまり、「自分らしさ」なんていくらでも作れるし、ぶち壊すこともリニューアルすることも可能。そう考えると少しだけ気持ちが楽になる。

美容における私らしさはずっとブレずに「杏仁豆腐肌」である。
白くてムラがなくぷるぷるにうるおう肌。そんな肌づくりを目指しているし、それが「大野真理子らしい肌」のトレードマークになるように日々努力を重ねていく所存だ。

美白肌とはただ白ければいいように思えるけど、肌のトーンが上がれば上がるほど目立つのが、シミ以外の黄色や赤の色ムラ。くすみや炎症をトータルでケアすることで、豆腐感は出る。
それでは、ただの豆腐と杏仁豆腐の違いはどこにあるか?
答えは瑞々しさである。だから美白ケアはトーンの管理はもちろんのこと、十分な保湿が欠かせない。しっかり内側からうるおうことで透明感が増し、ハイライト部分に光が集まるのでマット肌より格段に立体感が出てくる。
とはいえ、年齢を重ねると、とにかく肌が乾く。寝る前にしっかりクリームを塗ったのに、朝になったらなんだかカサカサしているし、日中は夏でも冬でも会社の空調にさらされ、うっかりすると高野豆腐みたいになる。繰り返す食器洗いで

手先はカサつくし、床暖房で足の裏はカピカピに。あらあら小さなシワが、なんて思っていたら、シワ同士が手をつないで深い溝になっていたりして全く恐怖である。

ここで、ただの豆腐を杏仁豆腐に昇格させるための保湿メソッドをご紹介したいと思う。まず風呂上がりに化粧水を塗る。夏場は雪肌精、春秋冬はSK-Ⅱのフェイシャルトリートメントエッセンスをへそ上から全部に。とてつもなく贅沢ですが、変態なのでお許しください。その上から全身にボディクリームを。皮膚をうるおわせておくことで、乾燥によるたるみが発生するのを防ぎたい。全身繋がっているから、顔以外の保湿もとても大切である。
そして体にタオルを巻いたまま、本格的なスキンケアがスタート。その日の肌コンディションによって内容は変化するが、化粧水は顔〜デコルテ〜腕に3回程度重ね塗り。美容液は保湿効果＋内側から「自家発電」してくれるようなものを選んで、肌のうるおう力を育てながら保湿。その上にクリームを重ねる。
乾いたら取り返しがつかない3大パーツ、目元、口横、首はそれぞれのパーツケアアイテムを様子を見て投入。特にアイクリームは進化がめざましく、乾燥とたるみを両軸でケアしてくれるものが多いので欠かせない。

ひと通りスキンケアが終わったらベッドに入り、さてと一人時間。
そのタイミングでもう一度肌に触れて乾燥を確認。ベッドサイドに置いてあるクリームで足裏、足首、ひざ、肘、ハンドケア。顔も足りないところがあったら塗り足すことも。
朝は、忙しいので「短時間ケアで長時間保湿」をキーワードに、ベタつかずすぐ馴染むけど長く保湿してくれるアイテムをチョイス。
日中に乾燥を感じたら、オイルINのセラムでケア。それでもうるおい不足を感じるときは、パーツメイクを落とさないように丁寧に乳液で一度軽くメイクを拭い、その上から薄くクッションファンデを重ねる。

食生活でいうとセラミド内服、そして良質な油を摂ることが大事。
私は炒め物にもサラダにも、なるべく新鮮なオリーブオイルを使うことにしている。ふぅ。杏仁豆腐への道のりは長いなぁ。ただの豆腐ならまぁまぁ簡単だが、杏仁は難儀だ。それでもやっぱり「杏仁豆腐肌」を自分らしさにしたいから、年中無休の保湿生活を続けるのである。

Cosmetics

保湿ケア「皮膚の変態」の最終回答！

とにかく乾く大人の肌は、「重ねすぎ？」くらいがちょうどいい。
ブースターからクリームまで、保湿のフルコースで挑もう。

"とろシャバ"
化粧水の名品

肌に触れるととろみが崩れ、浸透しやすいみずみずしい液状にテクスチャーが変化。エリクシール リフト モイストローション SP Ⅱ [医薬部外品] 170ml ￥3300／エリクシール

2

1

保湿もハリも透明感も
これ一つ

オールインワン級に多機能な、導入美容液。うるおいのファーストステップに。ブライテスト ファーストエッセンス 120ml ￥8910／FATUITE

3

カクテルビタミン®で
自力でうるおう肌に

レチノール（ビタミンA）、ナイアシンアミド（ビタミンB3）、ビタミンC誘導体、美白効果のあるグルタチオンも配合。ドクターケイ ABC-Gリペアセラム 20ml ￥8250／ドクターケイ

4

保湿力に鬼特化した
クリーム

うるおいを完全密封する濃厚クリーム。エクストラ リペア モイスチャー クリーム インテンス 50ml ￥15180、クマやくすみが晴れる。同 アイ クリーム インテンス 15ml ￥12100／ともにボビイ ブラウン

砂漠でも耐えうる
驚異の保水力

砂漠の極限環境生物が生み出すエクトインは保水力が高く、肌をラッピングするように保湿。紫外線に当たっても油焼けしにくいのが◎。エスト ザ オイル 50ml ￥6600／花王

6

5

日中の乾燥に
上書き保湿

乾燥と老け顔予防にスティック状の美容液を。アスタリフト ザ セラム リンクル リペア 朝用 [医薬部外品] 〈SPF20／PA＋＋〉5g ￥4290／富士フイルム

How to

将来的に「自分でうるおえる肌」をつくる

現在の乾燥状態をケアしながら、将来的には自分の中から
うるおえるような土台づくりも必要。保湿は年中無休!

土台を作る

1　　ブースター美容液

保湿力に優れた導入美容液は、洗顔後のまっさらな肌に使用。
2〜3プッシュを顔からデコルテまで伸ばして、優しくハンド
プレス。肌がうるおい、もっちり柔らかくなるのを確かめて。

2　　とろシャバ化粧水

絶妙な"とろシャバ"テクスチャーの化粧水を、顔からデコ
ルテ、そして腕まで3回を目安にレイヤード。角層深くまで
うるおいで満たすことで、「杏仁豆腐肌」の土台に。

**うるおいの
膜を作る**

3　　カクテルビタミン®美容液

一本でバランスよく皮膚管理ができる美容液を投入。ターン
オーバーが乱れた肌をつるんと整えるレチノールのほか、ナ
イアシンアミドやビタミンC、グルタチオンの相乗効果。

4　　オイル

ここまで何層にも重ねてきたうるおいを逃さないために、角
層に水分を留める保湿力に優れたオイルをプラス。朝のスキ
ンケアで使う場合は、必ず日焼け止めの前に。

フタをする

5　　クリーム＆アイクリーム

仕上げに重ためテクスチャーのクリームでフタをして、うる
おいを完全密封。顔の印象を左右する目元には、専用のアイ
クリームで乾燥とくすみ対策を。目元がパッと明るく!

6　　日中に乾燥したら

目元やほうれい線、首などの乾燥は、スティック状のバーム
で保湿。強めのビタミンAのスキンケアなどを使って頬がぼ
ろぼろ乾燥した時にも。ミストタイプならオイルINが正解。

Special Care

医療の力を借りるならココへGO！

乾燥によって肌が痩せて見えたり、とにかく乾く年齢肌には、
自分に合った薬剤をダイレクトに注入してもらうのも一つの手。

「皮膚の変態」的おすすめ施術

水光注射
（スキンブースター）

韓国発の美肌治療。ベラヴィタという専
用の機械、または先生の手打ち注射でダ
イレクトに薬剤を注入。「何が起きた
の？」というくらい、みずみずしいツヤ。

「保湿」を極めるならこの先生に相談！

Clinic K
金 児盛先生

**もちつや肌を叶える
通称「お餅先生」**

美肌大国・韓国の皮膚管理を体
感できます。それぞれの肌状態
に合わせて薬剤を調合し、お餅
先生が手打ちで注入してくれる
「もちつや注射」もおすすめ。

CLINIC DATA
🏠東京都中央区銀座1-13-1
ヒューリック 銀座一丁目ビル2F
☎0120-219-910
🕐10:00〜19:00
㊡不定休

**すっぽんゼリーや参鶏湯を食べて
内側からうるおすのも◎！**

身体の内側からうるおすことも意識していま
す。新宿伊勢丹の地下で見つけたすっぽんゼ
リーは、翌日肌がプルプルに！ 麻布十番の
参鶏湯専門店「グレイス」にもよく行きます。

すっぽんを丸ごと使用。
たんぱく質やコラーゲ
ン、ミネラルを豊富に含
んだゼリー。スッポンジ
ュレまるまるコラーゲン
ブルーベリー＆カシス味
¥648／安心院亭

ニキビ
について

対症療法と生活習慣の見直しを

跡形もなく消えたあごニキビの行方

「過去一番の肌悩みは？」と聞かれたら、間違いなく「20代半ばに止まらなかったあごニキビ」と答える。

自分のブランドを立ち上げ、仕事に忙殺される日々。夢中になると一直線なので、疲労やストレスにも気がつかず食生活もめちゃくちゃ。PCを立ち上げればアクセス数と転換率とタイムリーな売り上げが見える世界にのめりこみ、人間らしい生活を失っていた時期だった。
生理前になるとあご周りに炎症したニキビが多発。
もはやファンデでは隠せないほどで、少し良くなったと思ったらまた出てくる、の繰り返し。ニキビとニキビがくっついて、怪我のようなビジュアルになっていたこともあった。

それまでニキビに特段悩まされたことがないから、ケアの仕方も分からず途方に暮れていた。そのタイミングで母とフランスへ旅行に出かけ、バターたっぷりのフランス料理と肌に合わない硬水とでさらに悪化。これはまずいなと治療に本腰を入れることにした。
とはいっても、初めてのニキビケア。ニキビをつぶしてオリジナルの化粧品を塗り重ねるエステや、ニキビ用の薬を片っ端から試し、一進一退を繰り返したのである。

ここで運命ともいえる出会いがあった。
それがビタミンCのスキンケアと内服だ。
それまではスキンケアといえば美白一択の日々で、あとはひたすらダイエットに夢中な美容人生だったので、「肌をキレイにする内服」という選択肢を知らなかった。
それが数時間おきのビタミンCの内服と、時々行く皮膚科でのビタミンCのイオン導入と点滴で、荒れ狂うニキビが劇的によくなったのである。
ビタミンCはどの臓器にも必要な栄養素だから、たっぷりと摂らないと肌にまで回ってこない。それに気づいてから、なるべく忘れずにビタミンCを摂るようになった。

続けていたらニキビもよくなったし、なんだか肌もトーンアップした気がして、

そこからビタミンCにドハマり。そしてかの有名なオバジの美容液に出会い、沼っていったのである。

それから、生活習慣を見直した。
私は油と上手に付き合わないと、てきめんに肌が荒れる。だから揚げ物は嗜好品の扱いに。から揚げやてんぷらやとんかつは自宅では食べない（作りたくないとも言う、笑）。外出時にご褒美としていただく程度に変更した。
ジャンクフードや揚げたお菓子、ナッツ類も時々に。チョコレートと週に何度かのアイスクリーム、あとはコーヒーがあれば、私はストレスを溜めずなんとかなる。
小麦も嗜好品として、特別なタイミングで美味しいパンをいただくことに。食べるのが好きだからこそ、栄養を摂るものと嗜好品を完全に分けることがとても大事だと思う。
そして食物繊維をたっぷりと。毎日、mukiiの青汁と君島十和子さんのブランド・FTCの食物繊維は欠かさない。今では、「腸を制するものは肌荒れを制する」と言っても過言ではないと思っている。

40歳を越えてからは、自分の肌との付き合い方もよく分かってきて、ニキビは年に数回できる程度になったが、まだまだできることがあると思う。最近はよもぎ蒸しに通って、ホルモンバランスをなるべく整えるように努力している。
できたニキビは皮膚科にいくのが治癒への最短コースだが、ホームケアでも優秀なアイテムが出ているのでぜひ参考にしてほしい。

ニキビがたくさんあると、人の目をまともに見られないほど不安定な気持ちになると思う。
私もそうだったからよく分かる。もし悩んでいる方がいたら、皮膚も臓器の一つだと思って、医師の意見を聞きながら生活習慣を今一度振り返ってみてね。

追伸、あごに多発したニキビですが、今は跡形もなく消えています。
だからニキビに悩んでいる方もあまり気落ちせず、少しずつでもよくなるように一緒に頑張ろう。

Cosmetics

ニキビケア「皮膚の変態」の最終回答!

自分自身もニキビに悩み、試行錯誤した時代があるからこそ分かる、
セルフケアの決定版。ここでもビタミンCはやっぱり正義。

1

炭酸とCで
溜めずに流す!

炭酸パックで血行を促進して、肌のターンオーバーを正常化。ニキビがあってももっちり泡で摩擦レス。ビタ バブル 10000 130g ¥4290/mukii

2

肌のpH値を整え、
落ち着かせる

肌のpHバランスを、弱酸性に保つことがポイント。過剰な皮膚分泌も抑えるさっぱり化粧水。ゼオスキン バランサートナー 180ml ¥7040/キュテラ

3

ニキビを枯らす
ビタミンCマスク

粉末の高濃度ビタミンCを精製水と混ぜ、フレッシュなビタミンCのローションマスクに。myEVERY フレッシュCマスク3.3 専用希釈水付き 3回分 ¥2200/スキンケアファクトリー

4

詰まりを取って、
すっと鎮静

酸化した皮脂や詰まりを取り、毛穴を引き締める拭き取りローション。モンローション 120ml ¥7480/モンローニューヨーク

EGFの力で肌に
落ち着きを

うるおいを与えるEGFにブライトニング成分をプラス。刺激の少ない、細かい霧状ミスト。ブライトリーモイストシャインミスト 120ml ¥7920/レカルカ

5

肌を守るために
ビタミンCでフタ

毛穴を引き締めるビタミンC乳液。乾燥による黒ずみ毛穴にもうるおいをチャージ。V.C. ドリップステムエマルジョン 100ml ¥4125/dr365

スポット塗りで
押さえ込む!

ニキビの原因菌を的確に殺菌するクリーム。マキロン アクネージュ メディカルクリーム[第2類医薬品]18g ¥1320※編集部調べ/第一三共ヘルスケア

6

7

薬用ペーストで
ニキビを予防

殺菌消炎ローション×皮脂吸取パウダーの2層。タイムレスキュー ニキトル薬用アクネスポッツペースト[医薬部外品]14ml ¥1650/石澤研究所

How to

スポッツケアをしながら鎮静&保湿ケアも

ニキビは枯らして、鎮静化！　ニキビ部分はピンポイントで
対処しつつ、乾燥しがちな大人の肌は保湿もお忘れなく。

肌の代謝を促す

1　お風呂で炭酸パック

洗顔後の清潔な乾いた肌に、炭酸パックを厚めに塗布。1〜5
分ほど置き、血行がよくなったのを感じたら洗い流して。

角質除去

2　拭き取り化粧水

pHバランスが崩れることでニキビなどの肌トラブルが起こ
るため、肌を弱酸性に保つ化粧水で全顔を拭き取る。

ビタミンC投入

3　ビタミンCマスク

粉末のビタミンC誘導体とフェイスマスクが入ったパッケー
ジに、付属の精製水を入れればローションマスクが完成！

スポットケア

4　ニキビ箇所専用ローション

専用ローションはニキビや毛穴の詰まりが気になる部分だけ
に、ピンポイントで使用。コットンで優しく押さえて。

5　顔全体にミスト化粧水

ここまでのスキンケアステップでは、ニキビがある部分以外
はかなり乾燥した状態。EGFのミスト化粧水で保湿&鎮静化。

鎮静

6　寝る直前までスポッツケア

炎症を鎮めて、ニキビの原因菌を殺菌するメディカルクリー
ムをニキビ部分に塗布。血行、そして肌の生まれ変わりを促進。

スポッツケア

7　寝る時はニキビ箇所をカバー

2層を混ぜてペースト状に。綿棒でニキビにのせると、速乾処
方で薬用成分がピタッと密着。寝ている間も布団に付かない！

保湿

8　ビタミンC乳液で保湿

ニキビ部分以外にはビタミンC乳液を薄く重ねて保湿。毛穴
を引き締めるビタミンCのほか、CICAなど肌荒れ予防成分も。

Special Care

医療の力を借りるならココへGO！

ニキビは皮膚の病気の一つ。自分自身でスキンケアや生活習慣を見直すのはもちろん、皮膚科で治療してもらうのも改善への近道。

「皮膚の変態」的おすすめ施術

メソナJ or ルメッカ

現在進行形のニキビには、「メソナJ」でビタミンCやトラネキサム酸の導入がおすすめ。ニキビ跡の色素沈着には、色に反応する光治療「ルメッカ」を。

「ニキビケア」を極めるならこの先生に相談！

BIANCA
岩間美幸先生

保険治療も相談できる先生

皮膚の病気にも詳しい先生なので安心できます。自分ではニキビ跡の色素沈着だと思っていても違うことがあるので、必ず医師に診断してもらってください。

CLINIC DATA
⑮ 東京都中央区銀座1-8-19
キラリトギンザ12F
☎ 050-3196-4834
⑲ 10:00〜19:00
⑭ 不定休

Q. ニキビがある時のメイクはどうする？

A. 薬用コンシーラーで部分的にカバー

ニキビの赤みをカバーしながら悪化を防ぐ、ミネラルの薬用コンシーラーを活用しましょう。サラサラのパウダーですが肌に密着！　石けんでオフできます。

オンリーミネラル 薬用コンシーラー アクネプロテクター［医薬部外品］〈SPF20／PA＋＋〉0.7g ¥2530／ヤーマン

I ♥ Mask.

Chapter

2

24時間美容漬け
「皮膚の変態」の
鬼ルーティン

「引かれるかもしれないけれど、
これが私のリアル」。
24時間美容とともに生きるルーティンは、
女神の顔をした鬼のよう。
そう、「皮膚の変態」たる所以は、
美への探究心と継続力にある。

Routine of skinholic

実録「皮膚の変態」のビューティ24時

起床

肌のコンディションチェック&洗顔（A）

「脂が出てるな」「赤みが気になる」など鏡で見て、触れて、洗顔の前後で肌状態を確認します。朝はさっと広げられる、**A**の泡洗顔で時短！

お弁当をつくりながらパック（D）

ここで1つ目のパック。家事をしながらでも液体が垂れてくるストレスがない、**D**の二剤式炭酸パックを愛用中。くすみ抜きにはコレ！

朝風呂（B・C）

湯船で水素パック（E）

2つ目のパックは、赤みを抜くために**E**の水素パック。続いて3つ目は**F**の炭酸パックを顔と頭皮、脚まで。色ムラも毛穴も整います。

次は炭酸パック（F）

A

A大人ニキビ肌や敏感肌でも安心して使える薬用泡洗顔。FTCホワイトモイスチャームース［医薬部外品］150ml ￥3850／FTC

B **C** **D** **E** **F**

B爽やかな香り、保湿、発汗の黄金バランス。アロマセラピーアソシエイツ ライトリラックス バス&シャワーオイル 55ml ￥11550／シュウエイトレーディング **C**重炭酸で血行を促進！ボディの角質ケアも。薬用BARTH中性重炭酸入浴剤 10回分（30錠）￥2750／BARTH

大事な予定がある日の朝はとにかく"色"を抜く！ 炭酸→水素→炭酸の3つのパックを必ず。**D**ドクターメディオン スパオキシジェル ブライトプラス 6回分（カップ・スパチュラ付き）￥8910／メディオン・リサーチ・ラボラトリーズ **E**MyNADES HICO emu H2モイストジェルパック 10回分￥15400／アンジェラックス **F**ビタバブル 10000 130g ￥4290／mukii

入浴後

ボディに日焼け止め、髪にトリートメントを塗る（L・M）

全身に化粧水を浴びる（J・K）

髪を洗う（I）

湯船に浸かりながら頭皮マッサージ（G・H）

Iのシャンプーは2～3プッシュをしっかり泡立ててから。トリートメントは髪だけに塗布。毛穴が詰まるので頭皮には付けないのが大事。

シャンプー前の頭皮マッサージで血行促進。Hのオイルで乾燥した頭皮をしっとりと。オイルなのにふわっと髪の根元が立ち上がる！

G **G**頭皮ケア用とブラッシング用の2WAYブラシが嬉しい。スカルプケアブラシ¥2310／MAROA **H**大人の頭皮環境を整えるエイジングケアオイル。ヴェリマスカルプ&ヘアトリートメント 50ml ¥5500／ケーツー・インターナショナル

I優しいアミノ酸洗浄成分で、うるおいを守りながら洗い上げる。ザ セラム シャンプー 400ml ¥4950、髪の水分量を高め、しっとりサラサラのベストバランスに。同トリートメント 300g ¥4950／ともにmukii

ボディクリームだけではキメの細かい肌にはならないので、黙ってボディにも化粧水！ 黙って全身に投資！ **J**フェイシャル トリートメント エッセンス 230ml ¥28050／SK-Ⅱ **K**薬用 雪肌精［医薬部外品］200ml ¥5500／コーセー

L東京都で一番買っている自信あり。ニベアUV スーパーウォータージェル〈SPF50／PA+++〉140g ¥1188※編集部調べ／ニベア花王 **M**ドライヤーの熱ダメージから守る。ザ セラムアフターバストリートメント 120ml ¥3850／mukii

ROUTINE
Start

1 すっぴんからSTART！ **2** SK-Ⅱ「フェイシャルトリートメント クリアローション」で肌表面のバランスを整える。**3・4** エスト「セラム ワン アドバンスド」で肌を柔らかくする。**5・6** 長時間保湿してくれる化粧水はセンサイ「UTM ザ ローション」。化粧水は首からデコルテ、腕まで抜かりなく。ココまでが顔！ **7・8** コスメデコルテ「ホワイトロジスト ネオジェネシス ブライトニング コンセントレイト」で年中美白。**9** ハリをもたらすランコム「レネルジー HPN クリーム」。**10** エピステーム「ステムサイエンスアイ」で目元ケア。 **11** 余分な油分をティッシュでオフ。**12** 顔用の日焼け止めはB.A「ライト セレクター」。細かく叩き込む。**13・14** 下地はディオール「ディオールスキン フォーエヴァー グロウ ヴェール」。光を集めるので、顔の中心だけに。**15・16** 頬の赤みを抑えるジバンシイ「プリズム・リーブル・スキンケアリング・コレクター」は、ブルーを使用。**17・18** SUQQU「ザ リクイド ファンデーション」は、顔の中心からスポンジで薄く広げていく。**19** ラ ブルケット「017 リップバーム」で唇を保湿。**20・21** 乾燥しにくいB.A「3Dコンシーラー」で、目周りのくすみをカバー。

22インウイ「ハイライター」は小鼻の横から耳に向かって3点置き。頬骨が高く見えるように、指で広げる。**23・24**鼻用ハイライトにはコスメデコルテ「ディップイン グロウ」を使用。鼻筋と小鼻に。**25・26**SNIDEL BEAUTY「フェイス スタイリスト」は01。パレット中上のマットベージュをブラシに取り、上まぶたのアイホールと下まぶた全体にON。**27・28**パレット中下のブラウンをチップで二重幅にのせ、自然なグラデーションに。**29**パレット中下のブラウンを下まぶたの目尻1／3に。**30**パレット左上のラメを綿棒で下まぶた全体に。**31**スクリューブラシで眉の毛流れを整える。**32・33**コスメデコルテ「コントゥアリング パウダーアイブロウ」はBR302。右のライトベージュで眉全体を整える。**34**ベネフィット「プリサイスリー マイ ブロウ ペンシル」で眉尻を描く。**35**メイベリン ニューヨーク「ハイパーシャープ ライナーR」はBK-1。目尻にだけラインを足す。**36・37**SUQQU「アイラッシュ カーラー」で、まつ毛は根元と毛先の段階に分けて上げる。**38**ケイト「レアフィットジェルペンシルN」はBR-1。インサイドアイラインで目元を引き締める。

Finish

39カールキープ力が高い、ウォンジョンヨ「ヌードアイラッシュ」は01。パンダ目にならないのが心強い！　**40**眉で使用したコスメデコルテ「コントゥアリング パウダーアイブロウ」をノーズシャドウとしても使用。右のライトベージュを眉頭〜鼻根に向かってブラシでON。**41・42**エレガンス「カランドゥ フェイス」はBE401。小さめのチークブラシで頬の高い位置に。**43・44**ランコム「アブソリュ エッセンス イン パウダー」をブラシの内側まで入れ込み、頬、額、あごにポイントでのせる。**45**ヘアミネラル「ミネラリスト ラスティング リップライナー」はチェリッシュド ローズ。唇のフレームを取る。**46**ディオール「ディオール アディクト リップ マキシマイザー」012で、唇をボリュームUP。**47**メイク完了♡　**48**クレイツのコテは38mmを使用。トップをブロッキングしてから、毛先を外巻き。**49**中間は縦巻きにしたら、空気を入れて熱を取る。**50・51**ミルクタイプのN.「スタイリングセラム」で、ツヤと動きをプラス。**52**N.「ホールドヘアスプレー 5」で巻き髪をキープ。**53**仕上げにフィアンセ「ポイントヘアスティック」でアホ毛を整える。

コートを着る時期
以外は日傘マスト＆
移動しながら
カタツムリかっさ

昼

仕事中は冷え＆むくみ防止（N・O）

外ではほとんどヒールなので、会社では足裏を刺激してくれる**N**のスリッパと温めながらむくみを取る**O**のソックスに履き替えます。

日焼け止めを塗り直し（P・Q・R）

日中のUVケアは手が汚れないこと、そしてうっかり服に付かないことがアイテム選びのポイント。急いでいる時もさっと塗り直せます。

むくみを感じたら（S・T）

身体が冷えてむくみが蓄積すると、そのままセルライトに。温めと水分補給で、"巡らせること"を意識。むくんだら社内の階段を上り下りします。

N O

P Q R

S T

N足の内側、外側、中央の3つのアーチをサポートして強力指圧。アーチフィッター601（スリッパ・室内履き）¥4400／AKAISHI　**O**熱を輻射して温める繊維「光電子®」を使用。温度や湿度をコントロールしながら、むくみケアも同時に。光電子® リフレッシュソックス「キャシャリン」¥5390、同 着圧ソックス「キャシャリン」¥4950／mukii

Pアディクション スキンケアUV タッチアップクッション 001〈SPF45／PA+++〉12g ¥5830※ケースセット価格／ADDICTION BEAUTY　**Q**プリズム・リーブル・プレップ&セット・グロウ・ミスト〈SPF45／PA++++〉70ml ¥6050／パルファム ジバンシイ　**R**SHISEIDO クリア サンケア スティック〈SPF50+／PA++++〉20g ¥3080／SHISEIDO

S温めて巡らせるなつめ茶は、女性に必要な栄養素がたっぷり。韓方なつめ茶24個入り¥2250／なつめいろ　**T**多めの水に入れて飲んで、水分補給と塩分の排出。パーフェクトSバランス 30個入り¥8500／LAVIEN JAPAN

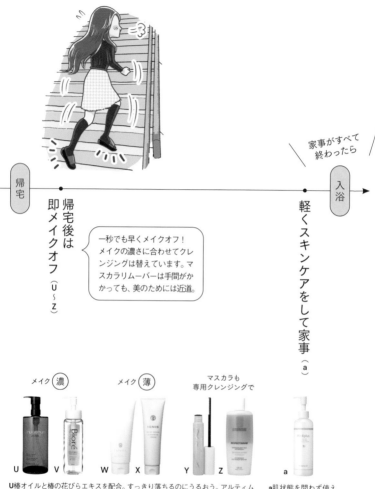

家事がすべて
終わったら

帰宅 ● 入浴

帰宅後は
即メイクオフ
（U〜z）

軽くスキンケアをして家事（a）

> 一秒でも早くメイクオフ！
> メイクの濃さに合わせてクレ
> ンジングは替えています。マ
> スカラリムーバーは手間がか
> かっても、美のためには近道。

メイク（濃）　　メイク（薄）　　マスカラも
専用クレンジングで

U　V　W　X　Y　Z　　　a

U 椿オイルと椿の花びらエキスを配合。すっきり落ちるのにうるおう。アルティム 8∞ スブリム ビューティ クレンジング オイル n 450ml ¥14850／シュウ ウエムラ　**V** 馴染ませなくても、つけるだけでメイクが浮き上がって摩擦レス。ビオレ ザ クレンズ オイルメイク落とし 190ml ¥1298※編集部調べ／花王　**W** マイクロクレイがメイクだけでなく毛穴汚れまで吸着。ピュリファイン ディープクレンジングジェル 200ml ¥4950／FATUITE　**X** 発酵エキス配合。肌環境を整えるクリームタイプ。モイスト リニュー クレンジングクリーム 200g ¥3850／イグニス　**Y** ウォータープルーフマスカラもふやかして落として、摩擦レス。ヒロインメイク スピーディーマスカラリムーバー ¥924／KISSME（伊勢半）　**Z** 目元の黒ずみの原因にもなるアイメイクをしっかりオフ。ラ ロッシュ ポゼ レスペクティッシュ ポイントメイクアップリムーバー 125ml ¥2200／ラ ロッシュ ポゼ

a 肌状態を問わず使える、時短オールインワンゲル。厚めに塗ればパックにも◎。メディプラスゲル 180g ¥4400／メディプラス

湯婆婆真理子おすすめお風呂アイテム

for Bath Time

A女子心を忘れそうな時に甘い香りで覚醒。ジルスチュアート　アロマティックバスソルト　ホワイトフローラル　300g　￥3080／ジルスチュアート　ビューティ　**B**唯一無二の高揚感で、長くお風呂に入っていたくなる！　ポメグラネート ノアール バス オイル 250ml　￥11770／ジョー マローン ロンドン　**C**乳白色のお湯に包まれてリラックス。トリートメント効果で肌もつるっとなめらかに。アユーラ メディテーションバスt 300ml　￥2200／アユーラ　**D**汗をかきたい日は水素入浴剤。水素ナノバブルの高い温浴効果で発汗&肌はしっとり。アッシュアンド 水素入浴剤 750g　￥3300／スイソサム　**E**小さい頃から使っていたバブのプレミアム処方ライン。コスパ抜群のご褒美入浴剤。バブ メディキュア 柑橘の香り [医薬部外品] 6錠　￥715※編集部調べ／花王　**F**清純で清潔感のある香りが大好き。ホワイトティー バスソルト 400g　￥4400／SHIRO　**G**バスオイルにもボディオイルにもなるマルチオイル。コンフォートゾーン トランキリティ バス アンド ボディ オイル 200ml　￥14850／コンフォートジャパン

Q. いつも必ず持ち歩いているものは?

室内で直したメイクが、外で見ると失敗した……みたいなことってありますよね。なので持ち歩きコスメは、室内のライティングと外の自然光で見え方が変わらないものを選んでいます。鏡なしでさっと直しても、失敗しないベーシックな色と質感もポイント。あとは個人的に忘れると困るNo.1は、アホ毛対策スティック! 髪が硬くて、すぐに電波が立っちゃうの (笑)。

A

B

C

HERBAN ESSEN

Lemon Towelette

D FiANCÉE PURE SHAMPOO
Point Hair Stick

E

F

A. 持ち歩きコスメはライティングで
ニュアンスの変わらないものを

Aルナソル「フュージングカラーリップス 02」は唇が荒れず、鏡を見ずに塗っても失敗しない。 **B**リップクリームなしでも大丈夫なディオール「ディオール アディクト リップ マキシマイザー 009」は、移動中の隙間時間など急いでいる時に。 **C**ジルスチュアート「クリスタルブルーム リップブーケ セラム 02※付録」は、リップ用の美容液。 **D**アホ毛があるとだらしなく見えるので、フィアンセ「ポイントヘアスティック」は絶対忘れない。 **E**事務所の社長の広海ちゃんに教えてもらったお手拭きは、ハーバンエッセンシャルズ「アロマタオル レモン」。コスメキッチンで買いました。 **F**眉は時々描き足します。インウイ「アイブロウペンシル 02」のベーシックな色を。 **G**ラブクロムのヘアコームは前髪を整えたり、髪を結ぶ時に。 **H**mukii「ビタホリックC」はケースに入れて持ち歩いています。数時間おきのビタミンC補給は杏仁豆腐肌の基本。 **I**SNIDEL BEAUTY「プレストパウダー ナチュラルグロウ 01」は、さっと塗っても白くならない透明に近いパウダー。 **J**シワケアもできるタンバリンズ「ザ シェル パフュームハンド BLESSED」。 **K**ポーチは幼稚園の頃から一緒に育ってきたフェイラーを愛用中。(すべて私物)

061

These are final answers.

Chapter

3

すべてを試した女の
ファイナルアンサー

「こんな時、
どうする？」

本章ではスキンケアからメイクまで、
具体的なシチュエーション別の
お悩みに徹底アンサー。
「皮膚の変態」が信頼を寄せる、
"実績"あるコスメだけをピックアップ。

What Shoud we do in a situation like this?

Q. 学校行事などで「紺色族」の時はどんなメイクがいい?

A. 崩れが気にならず、どこか上品なメイクを

子どもが主役の舞台で、「キレイね」と言われたいとは思わない。でもせめて、なんとなく上品な印象は持たれたい。それが紺色族の願いではないでしょうか。空調の具合なんてもちろん予測できず、鏡を見るタイミングも少ない状況。そんな中でも長時間メイクの崩れが気にならず、誰が使っても品よく仕上がるアイテムをピックアップしました。時間がない朝、急いでメイクをしても失敗しないベーシック名品ばかりです。

SUQQU
ザ ファンデーション

TOM FORD BEAUTY
アイ カラー
クォード 31

Elégance
ブリリアント
ルージュ ビジュー 12

DECORTÉ
AQ ミリオリティ
デイトリートメント
プライマー

LAURA MERCIER
ブラッシュ カラー
インフュージョン 06

1色ムラや凹凸を整えて、自然にトーンアップ。美容液成分のうるおいで、次に重ねるファンデーションのもちを高める。〈SPF12／PA+〉30ml ¥11000／コスメデコルテ **2**クリームが肌にフィットし、カバー力とツヤを両立。端正かつ上品な肌印象へ。〈SPF25〜30／PA++〜+++〉30g 全24色¥14300／SUQQU **3**柔らかな表情を引き出す、くすみローズの血色感。時間が経っても肌の凹凸が目立ちにくい、マットな質感のパウダーもポイント。¥4730／ローラ メルシエ ジャパン **4**温もりを感じさせるピンクベージュ系パレット。寒さや乾燥でくすみ、影を落としてしまいがちな大人の目元に。¥12980／トム フォード ビューティ **5**リキッドルージュの持続力のあるツヤで、表情を明るく。素唇の色の延長にある好感クリアピンク。¥3850／エレガンス コスメティックス

Q. ビーチに行く時の肌づくりは？

A. 素肌には黙って重ね塗り。チークUVが活躍！

実際に海には入らず、ビーチでの時間を楽しむ想定。とにかく焼けないように、徹底努力のラインナップがこちら。目元を中心にポイントメイクはしっかりしつつ、肌は日焼け止めを重ね塗りします。そのため、日焼け止めは透明タイプをチョイス。血色感は欲しいので、頬には紫外線カット機能が付いているアリィーのチークUVをプラスします。ちなみにボディ用の日焼け止めは、擦れに強いかどうかも重視するポイントです。

Bioré UV
アスリズム
プロテクトエッセンス

ALLIE
クロノビューティ　カラーオン
UV チーク 01

ANESSA
パーフェクト UV
スキンケアミルク NA

ALLIE
クロノビューティ
ジェルUV　EX

1気温40℃、湿度75%の高温多湿な環境で汗をかいても、耐える！　エッセンスタイプで乾燥しにくく、いつもの洗浄料で落ちるという名品。〈SPF50+／PA++++〉70g ￥1980※編集部調べ／花王　**2**海にも入りたい派のみなさんは、ビーチフレンドリー処方のこちら。潤うのにベタつかないジェルが、すーっと密着して気持ちいい。〈SPF50+／PA++++〉90g ￥2310※編集部調べ、**3**特に日焼けしやすい頬に、透けるピンクのチークUV。〈SPF50+／PA++++〉15g ￥1760※編集部調べ／ともにカネボウ化粧品　**4**汗・水・熱、さらに空気中の水分に反応して、UVブロック膜が強化される機能を搭載。植物由来エキスをブレンドした保湿成分で、紫外線による乾燥ダメージを防ぐ。〈SPF50+／PA++++〉60ml ￥3058※編集部調べ、2月21日発売／資生堂

Q. 大切なイベント前、どんなスキンケアをしたら……

A. ベーシックケアで基礎から立て直す

一朝一夕では変えられないもの。それは肌色と体型。半年時間があればじっくり向き合うことができます。ビタミンCはこまめに摂ることで、内臓に行き渡って余ったものが肌にしっかり効いてくるのを実感。スキンケアは肌の基礎から立て直す、ベーシックケアをコツコツと継続しましょう。体型に関しては、細くても体幹が整っていないと美しく見えません。美しい立ち方を手に入れるなら、ピラティスがおすすめ。よもぎ蒸しでホルモンバランスを整えるのも◎。

半年前

LANCÔME
ジェニフィック
アドバンスト N

DECORTÉ
リポソーム アドバンスト
リペアセラム

mukii
ビタホリック C

DECORTÉ
AQ アブソリュート ローション
ハイドロインフューズ＆同
エマルジョン マイクロラディアンス

1吸収されるスピードが異なる3種類のビタミンCを配合し、"長く、濃く"作用することを実現。水がなくても食べられるオレンジ風味のチュアブルタイプ。248粒 ¥4290／mukii **2**誰もが生まれながらに持つ、美肌菌に着目した美容液。肌のバリア機能が強化され、不調の起きにくい強い肌へ。30ml ¥11990／ランコム **3**天然ミネラル・アミノ酸を豊富に含む白樺水で、みずみずしいうるおいが巡る！ 乳液で肌を柔らかくした後に使うのがポイント。200ml 全3種類 ¥11000、**4**肌を"ときほぐす"発想の先行乳液。乾燥肌に悩む人は、同シリーズの化粧水とセットで継続して使うと、内側からふっくら。200ml 全3種類 ¥11000、**5**全方位から美肌へアプローチする、多重層バイオリポソーム美容液。立て直しケアで、トラブルを未然に防ぐ。50ml ¥12100／すべてコスメデコルテ

A. 引きの画が整ってきたら、寄りの画を意識

肌と体のコンディションも整ってきたら、今度は寄りの画を意識します。肌は
ハリケアに注力していこう。1ヵ月前ならドクターズコスメでがっつりいくも
よし、シートマスクをまめにやるもよし。私が撮影などで写真を撮られるよう
になって驚いたのが、肩の盛り上がりがあると首が短く見えること。先生に相
談しながら肩ボトックスを打って、すとんとしたラインづくりを。そうだ、頭皮
ケアも欠かせない。側頭筋をほぐしてハチの凝りを取り、頭を小さくします。

$\boxed{\text{1ヵ月前}}$

Dr.K
ABC-G
リペアセラム

TO
パチパチ クラッキング
ボーアローション

FEMMUE
ドリームグロウ
マスク PF

MYTREX
ビドー

WELEDA
白樺 エリキシール
プレーン

ZO SKIN HEALTH
ファーミングセラム

1パチパチ鬼炭酸で肌が引き締まる！　さらにヒト幹細胞上清液とビタミンA・C・Eで、
肌を活性化。ハリとターンオーバーケアに期待。130g ¥8800／ヒストリック　**2**ハリ
不足、シミ、毛穴など、あらゆる角度からアプローチする美容成分を配合。レチノールで
むきたまご肌に。20ml ¥8250／ドクターケイ　**3**高校生の頃から愛飲している、水で
薄めて飲む白樺ドリンク。むくみが取れるし、美味しい！　250ml ¥4104／ヴェレダ・
ジャパン　**4**乾燥による小ジワやたるみを防ぐエイジングケア美容液を惜しみなく。6
枚 ¥4840／アリエルトレーディング　**5**一本使い終わる頃にはハリを実感できる、刺
激のない美容液。47ml ¥32560／キュテラ　**6**気になる部分に3秒当てるだけでOK！
側頭筋をほぐせば、目の開きもすっきり。¥14960／創通メディカル

A. パックの連続使用で透明感を宿す

さて、ついにきました1週間前。貯めていたお金を一気に投資して、大切な日へ向かいます。直前故に失敗は許されないので、"優しさ"と"結果"の両方を兼ね備えることをメインに行っていきましょう。そして顔だけに限らず全身に透明感を宿すのが課題です。スキンケアはパックを駆使して、顔にある赤みや黄みを抜くケアがメイン。美容医療でおすすめなのは2つ。皮膚を引き締める「タイタン」と、全身に透明感を与える「ビタミン点滴」。

（ 1週間前 ）

MyNADESHICO
emu H2
モイストジェルパック

POLA
ホワイトショット
マスク QXS

Dr.MEDION
スパオキシジェル
ブライトプラス

SKINCARE FACTORY
myEVERY
フレッシュ C マスク

Bb lab.
水溶性プラセンタエキス
原液

1美白有効成分で赤み取り。さらっと、でもきちんと保湿できて、朝メイク前に使っても"もろもろ"しないのが魅力。[医薬部外品] 7包 ¥7480／ポーラ 2張り切りニキビのような突然の肌荒れを、ビタミンCで予防して押さえ込む。専用希釈水付き ¥880／スキンケアファクトリー 3くすみにも毛穴にも、効果実感がかなり高いプラセンタ。気合を入れたい時は、スキンケアファクトリーの精製水に半分混ぜるのが真理子流。50ml ¥14850／ビービーラボ 4肌の上で大量発生した水素が赤みと黄ぐすみを取り払って、即効白肌へ。10回分¥15400／アンジェラックス 5連続して使うことで根本からくすみ抜け！ 炭酸パックで血流を促してむくみ取りも。6回分（カップ・スパチュラ付き）¥8910／メディオン・リサーチ・ラボラトリーズ

Q. 明日キレイになりたい時は何をする?

A. 優しいけど結果の出るパックをメインに

まず、大急ぎで歯のホワイトニングをしてくれるところを予約。歯さえ白けりゃ何とかなる! 肌は攻めると返り討ちに遭うので、優しいけど効果の高いパックを投入しましょう。そしてボディ。むくみが取れるだけで1〜1.5kgくらいはするっと落ちるので、塩分と糖分を抜いて水を溜めない体に。また美しい立ち姿はビジュアルを制すので、ストレッチポールで前もも、お尻を中心にリリースしておこう。夜は好きな香りに包まれて、早めにおやすみなさい。

b.glen
クレイウォッシュ

SK-Ⅱ
フェイシャル
トリートメント
マスク

Dr.MEDION
スパオキシジェル
ブライトプラス

MyNADESHICO
emu H2 モイストジェルパック

SINN PURETÉ
マインドフルフレグランス
心の浄化

1 パックでケアをする前に、天然クレイを使用した洗顔料で肌をまっさらな状態に。不要なものは毛穴の底から落とし、必要なうるおいは残してなめらかに洗い上げる。150g ¥4290／ビーグレン **2** 学生時代からのルーティンマスク。酵母を発酵させたピテラ™のパワーで、みずみずしく輝く肌に。6枚 ¥13200／SK-Ⅱ **3** "色"を抜きたい時は迷わず水素パック。当日の朝に使うのがおすすめ。10回分 ¥15400／アンジェラックス **4** ビタミンCの約100倍といわれる浸透力を持つ、高浸透型ビタミンC誘導体APPSを配合。6回分（カップ・スパチュラ付き）¥8910／メディオン・リサーチ・ラボラトリーズ **5** 寝室などの空間にスプレーすることで、心身をリセット。緊張を和らげて心のバランスを整える森林浴の香りでリラックス。100ml ¥3980／シン ピュルテ

Q. 大切な商談がある時はどんなメイクで行く？

A. 初対面の3秒を勝ち取る清潔感と品

商談は結果がすべて。「よく頑張った」とか「できることはやった」とか、そういう言葉は大嫌い。「可愛い」とか「キレイ」とか、思われなくていい。人の印象はほぼ3秒で決まると言われています。そして誰しも自分のくだした判断を覆すことを嫌がるので、3秒で決まったその印象を思い込みたい傾向あり。清潔で品があり、落ち着いて話ができて、さらに仕事の納期を守りそうな印象をつくれる、そんなコスメを選びました。実績あるアイテムです。

SHISEIDO
エッセンス スキングロウ
ファンデーション

SNIDEL BEAUTY
スキン グロウ
ブラッシュ 10

RMK
シンクロマティック
アイシャドウパレット 01

SUQQU
モイスチャー グレイズ
リップスティック 02

1 メイクアップ成分をマイクロカプセル化して、美容液に閉じ込めたスキンケアファンデーション。毛穴や乾燥による小ジワを目立たせず、大人の肌にみなぎる自信と清潔感。〈SPF30／PA+++〉30ml 全12色 ￥7590／SHISEIDO　**2** 大人の落ち着きと信頼、そして凛としたまなざしを叶えるモダンベージュのパレット。重ねても目元をくすませることなく、奥行きだけをプラス。￥6380／RMK Division　**3** 目元をしっかり締めたら、頬には朗らかな血色を。クライアントに緊張感を感じさせない、ウォームピンクをチョイス。オイルINパウダーが肌に溶け込んで、まろやかに発色。￥3300／SNIDEL BEAUTY　**4** 唇の縦ジワをカバーする濃密バームリップ。色物は品のあるピンクでまとめて、顔の中の統一感を意識して。レフィル・ケースセット価格￥5830／SUQQU

Q. 婚活の時に気を付けることは？

A. 「健康そう」が婚活メイクの極意

男性は優良な自分の子孫を残せそうな相手に惹かれるそうです。これはもう本能だから、仕方ない。むしろメイクでそれを逆手に取るしかない。「健康そう」に見えることが、婚活メイクのキーワード。頬の内側からにじみ出るような血色感、内臓も健康であろう肌づくり、優しげなまなざしと粘膜感のあるリップ。とりあえずメイクの力を借りて相手とのお付き合いをスタートさせたらば、あとは各々の魅力で関係を継続させていきましょう。

DECORTÉ
フローレススキン
グロウライザー

Ririmew
インザミラー
アイパレット 04

NARS
アフターグロー
リキッドブラッシュ 02799

LISSAGE
カラーメインテナイザー　DX

Yves Saint Laurent
ルージュ ヴォリュプテ
シャイン 163

1 ツヤを仕込むことで光を操り、毛穴や色ムラ、くすみを華麗にカバー。健康な肌にはツヤと透明感が必須。〈SPF20／PA＋＋〉30g ￥4950／コスメデコルテ　**2** ピンクニュアンスの偏光パールの効力で、血色感はもちろんハリも演出。〈SPF23／PA＋＋〉30g 全5色 ￥11000／カネボウ化粧品　**3** 柔らかい血色感で、甘くなりすぎないピーチブラウン。最初にコーラルピンクのハイライトカラーを使って、目元全体をトーンアップ＆くすみを飛ばして。￥2640／コージー本舗　**4** 澄んだピンク×生っぽいツヤで粘膜感のあるリップが完成。トリートメント感覚で使える、美容オイル約65％のバームリップ。￥5500／イヴ・サンローラン・ボーテ　**5** ゴールドの輝きを忍ばせた、ピーチピンクのリキッドチーク。上品なツヤを纏った血色感のある頬に。￥4620／NARS JAPAN

Q. ビタミンCに埋もれたい時は何をする?

私が「ビタミンC」を
愛する理由

ブツブツのあごニキビに悩んでいた、25歳くらいの頃。右ページ下の写真（左から2番目）は小さくてよく見えないと思うけれど、この頃は肌がどん底……。仕事に忙殺される日々の中で、当時ニキビに効果があると言われていたことは全部やってみた。それでもなかなかよくならない。ある時、皮膚科でビタミンCのイオン導入と点滴をしてもらう機会があった。すると、すこぶる肌の調子がいい。「ビタミンCの化粧品を使ってみたらどうだろう?」と思い、そこから私のビタミンCに埋もれる人生が始まった。使い続けていくうちにあれだけ悩んでいたニキビは劇的によくなり、肌も白くなってきた。そして毛穴は引き締まり、ハリも。そう、ビタミンCはとにかく欲張れる成分なのだ。肌を多角的にケアできるところが、ビタミンCの一番の魅力だと思う。若い肌の悩みにも、エイジングの悩みにも応えてくれる。

当時、ビタミンC化粧品はまだ今ほど多くはありませんでした。そんな中で私が最初に出会ったのは、オバジのピュアビタミンC美容液。アップデートし続ける名品を、今も変わらず愛しています。そこからドクターズコスメのビタミンCも使い始めて、さらに沼っていった。それはここ5年くらいの話です。ドクターズコスメは、香りやテクスチャーなどの使用感は全無視（笑）。消費者の気分は置いてきぼりにされるけど、とにかく肌に対して結果主義なところが正義だと思う。私自身ビタミンCはとにかくいろいろ試したいから、すぐに結果を出してくれないものはオーディション不合格。即効性があるものが好きです。

ビタミンC化粧品の中にも水に溶けているもの、油に溶けているもの、そして誘導体など種類があります。それぞれ秀でているポイントや効能が違うのが、また楽しくて! 「皮膚の変態」らしく、もちろんビタミンCも使い分け。これからも全力で推していく所存です。

「皮膚の変態」的
ビタミンCの魅力

- ☐ 多角的にケアができる

- ☐ ニキビや毛穴にも、
  エイジング悩みにも対応できる

- ☐ 種類によって効能が違うので
  使い分けができる

「多角的に肌悩みにアプローチすることのできるビタミンCは、まず過剰な皮脂を抑制することでニキビができないようにしたり、毛穴を引き締める効果があります。またエイジングケアの視点では、ビタミンCは老化につながる活性酸素を除去。肌の奥で弾力を保つのも手伝ってくれます。ニキビに毛穴、ハリ、美白も欲張れる。いろいろなケアのために塗りたい成分です」

I ♡ Vitamin C

あごニキビに
悩まされていた頃……

A. Obagi
オバジC25セラム NEO

B. dr365
V.C. メルト
スクラブウォッシュ

C. REVISION
C＋コレクティング
コンプレックス 30％

D. Dr.K
ABC-G
リペアセラム

E. Puremer
リセット VitaC
美容液

F. ENVIRON
C－ブーストクリーム

G. KIEHL'S
DS クリアリー
ブライトエッセンス

水溶性・脂溶性・両親媒のビタミンC を使い分けて

A毛穴やキメの乱れへの即効性に唸る。ピュアビタミンCを安定化させた奇跡を愛している。12ml ¥11000／ロート製薬　**B**ビタミンC誘導体のほか、刺激のないビタミンスクラブが入った生石けん。洗い上がりはすっきりなのに、ちゃんとうるおいも残してくれる。100g ¥2805／dr365　**C**脂溶性ビタミンCが内側にしっかり効いてくる、ハリケアに特化した美容液。たるみ毛穴をふっくら見せるのにもおすすめ。30ml ¥21780／ビッグブルー　**D**「ビタミンを科学する」ドクターズコスメ。ビタミンA・B・C、グルタチオンのカクテル配合で相乗効果に期待。20ml ¥8250／ドクターケイ　**E**「毛穴の消しゴム」と呼ばれるほど、肌がつるんとするピュアビタミンC美容液。真理子流は洗顔後すぐにバチッと決める。浸透力を翌朝に実感。8本 ¥14300／ピュアメル ジャパン　**F**どんな肌状態の時でも使える、マイルドなビタミンC誘導体のクリーム状美容液。25ml ¥6930／プロティア・ジャパン　**G**シミやくすみの元を狙い撃ちする、アクティブビタミンC配合の美容液。さらっとしていて馴染みがよく、保湿しながら透明感を引き出す。[医薬部外品] 30ml ¥9460／キールズ

Q. 「疲れてる？」と言われた時は何をする？

A. 後天的ハツラツ感で大どんでん返し！

あのね、「疲れてる？」なんて聞かないでほしいのよ。「今日ブスだよ」と同義語なんよといつも思う。そんな日に限って夜にお出かけの用事があったりして。では、どうするか？　メイクと血流で大どんでん返し！　オイルINミストでうるおいを補填したら、透明感を引き出すパウダーをレイヤード。そこへ元気見えチークとリップで、後天的ハツラツ感を足す。もしできたら階段を10分ほど上り下りしてみてください。体中の血が巡って、血色がよくなります。

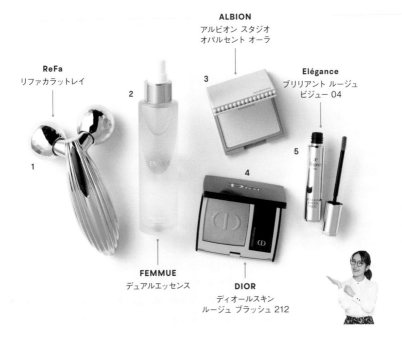

ReFa
リファカラットレイ

1

2

ALBION
アルビオン スタジオ
オパルセント オーラ

3

Elégance
ブリリアント ルージュ
ビジュー 04

5

4

FEMMUE
デュアルエッセンス

DIOR
ディオールスキン
ルージュ ブラッシュ 212

1 頭と首の付け根を中心にローラーで流すと、疲れ目もぱっと開く！　¥29480／MTG　**2** 水分と油分のバランスを整えるオイルINミスト。オイル層にはエイジングケア効果が期待できる、カメリアオイルなどの植物オイルを配合。100ml ¥5720／アリエルトレーディング　**3** 透明感を引き上げるラベンダー系パウダーは、肌を磨くようにブラシでON。丁寧にお手入れされたような、キメ細かい肌に。セット価格¥6050／アルビオン　**4** くすみを一掃するフレッシュピンク。繊細なパールを忍ばせたホログラフィックエフェクト。¥7150／パルファン・クリスチャン・ディオール　**5** 愛嬌のあるコーラルレッドで、一気に元気顔まで躍進。ハツラツ感を演出するなら、マットリップよりもツヤリップが正解。¥3850／エレガンス コスメティックス

Chapter

4

煩悩は次から次へと
湧いてくる

「皮膚の変態」の
ボディ悩み格闘記

美しさは、トータルバランス。
どんなに顔の皮膚管理を頑張っても、
だらしないボディだとしたら……。
欲望と煩悩と格闘する中で、
美しさはさらに磨かれていく。

Stories of physical troubles

私たちに「筋肉のガードル」が
必要な理由

仕事終わり、日本一ビジュアルの良い野菜が並ぶ、東京都キラキラ区のスーパー
で夕飯の買い出しをしていたある日のこと。ふと前を向くと、ルルレモンのレギ
ンスにピタリとしたトップス、カーディガンを羽織ったトレーニング帰りとおぼ
しき女性がいた。20代前半であろう彼女は、美しく鍛えた体に輝くようなストレ
ートヘアをきっちりとポニーテールにまとめて、明日食べる野菜を探している（野
菜の部分は想像です）。もしかしたら一緒に仕事をしたことのあるモデルさんかも？
突然、業界人ぶるセンサーが発動して、横を通る瞬間、あくまでも自然にちらっ
と見ることにした。「え？」顔を見たその瞬間思わず声を出しそうになった。その
方は私より年が1つ上の日本を代表する超人気モデル。キラキラスーパー常連の
業界人ぶってる私ですから、「あら、ごきげんよう」くらいの冷静さを装いました
が気持ちはエビ反り。「うせやん。あんた20代にしか見えん」。謎の関西弁を（心で）
絶叫しながら、浅くなった呼吸を静かに整えたのである。

みなさんは、大人になってからハイハイで生活したことありますか？
私は2人目の子供を出産して暫く経ったある日、起きたら腰が曲がってまっすぐ
立てない。斜め45度で立つのも腹筋に力をぎゅうっと入れた状態でないと難しい。
それでも仕事は溜まって
いくし、子どもには
泣きながら抱っこ
をせがまれる。気
づいたらハイハイで
しか移動できなくなっ
ていた（笑）。そうなった理由は腹筋
とお尻の筋力不足。妊娠中、お腹を前に突き出して歩き、
その後の抱っこ生活で腰はずっと反ったまま。背中周りの
筋肉はずっと緊張したままで、ついに限界を迎えたよう。この
ままじゃ人生に支障をきたすと一念発起し、トレーニングに本腰
を入れることにした。
「あるべき場所に骨を置き、その周りを筋肉というガードルで守ること」

B

せた蒸気をお股に浴びせます。15分程度ですが大量発汗ですっきり。個人的には
PMSとお腹の冷えに特に効果を実感中。終わったあとは効果を持続させるため、
サロンではシャワーは浴びず汗を拭くだけ。全身からよもぎの香りを漂わせて帰
宅することになるので、その日の予定の最後に入れることを強くおすすめします（笑）。
温活を続けてみて実感するのは、とにかく精神が安定すること。内臓が温かいと
なぜか菩薩モードに入りやすい。小さなことでイライラしない、ハラハラしない。

肝が据わるとはこういうことかと思う。そして何より
肌の調子も良いのである。顔色も良くなり、むくみに
くい体になった気がする。
手っ取り早く自宅で温活をしたいなら、玄米カイロが
おすすめだ。電子レンジで2分ほど温めて子宮あたり
にあてて寝転ぶだけ。冷えているときはジワリと汗を
かくくらい芯から温まる気がする。お腹が痛いときは、
スマホより玄米カイロが手放せない。即効性があるの
でぜひ一家に一つ。あとは、カフェイン問題。

何となくブレイクしている感が欲しくてコーヒーばっ
かり飲んでしまう。カフェインは摂りすぎると消化
器官を刺激するし、個人的に体質に合っていないの
は分かっている。カフェイン減らそう！　と決心
して、代わりに取り入れているのがなつめ茶だ。
漢方の勉強で使用している参考書によると、「な
つめ」とにかく体を温めるらしい。これがまぁ
美味しいの！　震えるほどメールが溜まってい
る時にもこの甘温かい香りを嗅ぐと、返信する
言葉が少しだけ優しくなる。胃に落ちた瞬間か
らじゅわりと温かくて、内臓に優しいことをし
ている自分を実感できるのである。

温かい女でありたい。日々起こる様々な出来事
に気持ちを削がれるから、せめてその気持ちを
しまっておくこの身体くらいは温かい容れ物に
しておきたい。
　コツコツと温活に精を出し、いつまでも元気
に「皮膚の変態」活動に励みたいのである。

過剰な保湿にご用心……
首のシワと格闘して学んだこと

マンションのエレベーターの鏡がつらい。

照明の角度か何か知らないけど、この世で一番現実を映してくる。

中でも極めて明確に映るのが「首のシワ」。客を美しく魅せることに尽力してくれるホテルのスパやハイブランドのショップの鏡で見た時には絶対になかったはずの場所に、くっきりと刻まれているのが分かる。

疲れて帰ってきた時は、エレベーターに乗ったらすぐにくるりとドアの方を向くようにしている。鏡は見ない。それが心の平和のためだ。

あごの周りの肉や首のシワは、さながら受け止めきれなくなった顔のたるみの防波堤だ。ここでせき止めなくては、雪崩のようにそのまま全身のたるみへと繋がっていく。美容皮膚科の先生に「残念だけど一度ついた首のシワって完全にはなくならないんだよね」と言われたその日から、首の皮膚を顔のように扱うスキンケアを始めて早数年。

A

べとべととして気持ちが悪いとか、ビタミンAやCをしこたま塗るとパジャマが黄色くなるとか、そんなことは言ってられない。

美容液と、うるおいを閉じ込めフタをする役割のクリームを欠かさず塗ってきた。首は顔と違って脂肪が少なく、ケアすべきは"皮"なので美容液で重点的にケアをする。

透明感を出すビタミンC、ハリを出すビタミンA、フタのクリームの三重奏で労っている。おかげで首のシワは育たずにいるほうだと思う。

しかしこれには盲点があった。

ある夏の日、少しデコルテがあいたワンピースを着ていた時、ふとみた首の毛穴が黒ずんでいる気がする。

「何これ?」ハリに満ちた透明感あふれる首を目指しているのに、思ってたんとなんか違う。

A「塗るフェイスリフト」という強烈なあだ名の通り、ハリを与えるクリーム。エンビロン ヴァイブランスマスク 50ml ¥9570／プロティア・ジャパン **B**洗顔後、肌に残った汚れをオフ。拭き取り化粧水は首まで! フェイシャル トリートメント クリアローション 230ml ¥12100／SK-Ⅱ

肌のメンテナンスで訪れた皮膚科で診てもらったところ「保湿のしすぎですね」と
バッサリ言われた。ガーン。

シワを作りたくない気持ちばかりが先に立って、忘れていたのは毛穴詰まり。そ
ういえば、首はスクラブもピーリングもしていなかった。そこでピーリングしな
がらハリを出す美容液とローションを投入。まったく手のかかるパーツである。
ところで首のベストポジションをご存じですか？
あごをちょっと上げると瞬時に二重あごが消えて、フェイスラインがすっきり見
える。だからついつい「ベストごまかしポジション」をキープしがち。ところが実
際は、かなりあごを引いた位置が背中や首に負担のない正しいポジションで、無
理にあごを上げていると首の皮も伸びるらしい。今日の「あごピン」を取るか、将
来の「首のシワ対策」を取るか本当に悩ましくて、いつもはあごをやや上げて暮らし、
誰もいない場所では思いっきり二重あごを作ってバ
ランスをとることにしている（笑）。

B

美容医療でできる首のケアといえば、やはり皮膚を
ピンとさせるものが思い出される。タイタンの近赤
外線やFORMAの高周波だ。コラーゲン線維に働き
かけて皮膚にハリを出し、なによりダウンタイムも
短い。できてしまったシワにはヒアルロン酸を注入
し、一時的にふっくらさせることもできる。
最近のイチオシはプロファイロというヒアルロン酸
で、コラーゲンやエラスチンの生成を促すと言われ
ている。先日顔と首に注入したが、２週間ほどする
と驚くほど肌がつやつやになりハリが出た。

ここ数年で首のケアにも注目が集まり、美容医療の
選択肢も増えたと感じている。
首やデコルテは顔を支える大切なパーツ。
普段の家庭料理が素敵なお皿とランチョンマットで
より映えて見えるように、レフ板効果のある首とデ
コルテがビジュアルの平均点を上げる縁の下の力持
ちになってくれる。
いつの日か首のシワが完全に消える美容医療ができ
るまで、コツコツとスキンケアを頑張るしかない。

「体が太りたがっている」
押し寄せる食欲と理想体重とのせめぎ合い

20年以上ヘビースモーカーだった夫がたばこをやめた。理由はゴルフ仲間が次々と禁煙し、ラウンドの途中で、食事の途中で、会を抜け出したばこを吸う人がいなくなったから。

何かを成功させたいなら、望んでいることが当たり前の世界線に住めばいい。改めてそう思う。水を一日に3リットル飲む田中みな実氏と会って3日くらいは、アイスコーヒーをお休みして常温のお水を持ち歩きたくなるし、糖質を控えている友人とのランチは自然とハムチーズオムレツ野菜添えとなる。美容はいつだって類友だ。真似っこし合って尊敬し合って、互いにあと数ミリの伸びしろを上に上に引っ張りあえばいい。マウントなんて言っていたら置いていかれる。誰がえらいとか正解とかはないのである。

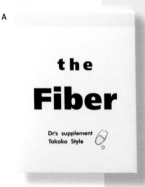

A

A 腸内環境を整える食物繊維は、摂るほどすっきり。糖質の吸収も緩やかに。ザ ファイバー 30包 ¥7560／TAKAKOスタイル **B** 乳酸菌と食物繊維で効率よく腸活。野菜嫌いでも飲みやすい抹茶風味の青汁。ベジホリック 32袋 ¥4290／mukii **C** 保存料・着色料・香料不使用のミルクプロテイン。ピュアダイアモンドグラスフェッドプロテイン プレーン味 180g ¥3500／プロアバンセ

先日インスタライブでフォロワーさんがぽつりとつぶやいたこと。「体がものすごく太りたがってる」。やっとやっとで手に入れた理想の数字を体重計がたたき出した瞬間、波のように押し寄せる食欲。胃が小さくなっているはずなのに、スニッカーズなど馬力のある高カロリーのものを全身で欲する。あの現象を見事に言い当てたそのコメントに、共感の嵐で思わず爆笑してしまった。年齢を重ねると、華奢な人はシワっぽさや血管の浮き出方を気にし、太りやすい人は空気を吸っても太るような気がしてくる。「ちょうどいい」を維持するために血のにじむような努力をしなくてはいけない（大袈裟）。

先日イベントで大阪に行き、フォロワーさんから愛のこもったお手紙と共にたくさんの差し入れを頂いた。関西でしか手に入らないクッキーや、私がいつも大好きだと言っている和菓子まで。毎日少しずつ食べようと楽しみにして、帰宅後、夕飯の後につまんでいた。こんなに食べたら太るかな？　なんて思っていても、

不思議と体重は増えないし、なんならむくみも起きないのである。「美容系インスタグラマー、ついに太らない体を手に入れました！」などと調子づいて、食べる量は更に増える。だって夜の犬の散歩も頑張ってるし、白湯も飲んでいる。そんな生活を続けてすべての差し入れを食べ終えたころ、体重が見事に1.5キロ増えた。しかもむくみではなくて、下腹にどっぷりとついた脂肪。制服のように着ているタイトスカートがきつい。伸びない素材を選ぶと、お腹にしっかり食い込む。なるべく薄手のニットと合わせて、外出している間は一生腹をへこませる。パジャマを着て体育座りをしようものならもう、超二段腹。メールに届くのはありがたい美容誌の取材。ま、まずい。美容系失格。誰かにバレる前に痩せなければいけない。

まず外食でない日は、家族とは別メニューでチョップドサラダをウーバーする。サラダは噛むのが非常に面倒であるが（思考がズボラ）、細かく刻んでもらうだけで食べる気が少し出る。寒い季節のサラダはなんとも寂しい気持ちになるので、アボカドをトッピングして乗り切ることにする。そして水をなるべくたくさん飲む。

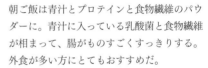

B

C

朝ご飯は青汁とプロテインと食物繊維のパウダーに。青汁に入っている乳酸菌と食物繊維が相まって、腸がものすごくすっきりする。外食が多い方にとてもおすすめだ。

パーソナルトレーニングは週2回。そして股関節をはじめ、体の凝りが残りそうな部分を毎日ていねいにほぐしてから寝る。パーソナルトレーナーの先生はいつも、ストレッチの大切さを熱弁する。痩せたいなら、痛みのない体でいたいなら、運動の前にストレッチをして、といつも言われる。ストレッチポールで全身をほぐすと、お尻や股関節、腰周りが特に痛い。股関節がうまく使えていないと脚がむくみやすいので、ヒーヒー言いながら頑張ることにする。

食事と運動でがちがちに頑張って10日間。やっと体重が800グラム減った。我慢しまくったのにチロっとぐらいしか減らない体重に、思わず舌打ちしたくなる。でももう私は覚えた。この年齢になったら食べた分、ちゃんと我慢しなくてはいけないのだ。

私の人生に「太らない体」というギフトはついてこなかった。欲望と闘いながら、プラス、プラスの努力が必要なのである。

後ろ姿は見ない方が幸せ？
背中美容のためにできること

A

ENVIRON®

Body Care
Series

Moisture
ACE Oil

B

Huile pour le bain
éclaircissante

Clarifying bath oil

made in Switzerland

℮150ml 5.1 FL OZ

社員とランチを終えた帰り道。気の利くわが社のPRが「真理子さん、今日髪の毛めっちゃ綺麗だから動画撮りますね」と言ってポケットからスマホを取り出し、後ろ姿を動画に収めてくれた。PRという職種はとにかく気が利く。一緒にいる相手が思っていることの先の先まで想像し、気分よく過ごせるように尽力する。それも相手が気を遣わないように。彼女たちは、日々そんな業務に邁進しているものだから、私にもこうして優しくしてくれるのだ。帰社していくつかの打ち合わせを終えた頃、LINEに先ほどの動画を送ってもらった。表参道の街並みと確かにサラリとまとまり良くなびく髪、しかしそれ以上に気になるのは自分の後ろ姿だ。

リブニットの下でブラジャーの上下にもたつく肉。スカートのシルエットを微妙に壊す腰周りの厚み。服屋ならせめて服はキレイに着たい。そんな願いを込めて体型管理も頑張ってきたつもりだったが、背中にまでは及んでいなかったのか。SNSには載せない私の苦悩やストレスが全部背中に乗っかって、これでもかと年齢を表現している。何十年も椅子の背もたれとぶつかってきた場所には数センチの色素沈着も見えて、思わず「ひいっ」と声が出そうになる。

みなさんは自分の後ろ姿を動画で、いや写真でもいい、見たことがありますか？　正面からの自分は、デパートの試着室や女子会の集合写真で見慣れたもの。姿勢を正し、腹をへこませ、少し体を横に振って、あごを斜め20度上げる。どの角度が一番痩せて見えてフェイスラインがキレイに見えるか、大体の人が熟知しているだろう。一方で、後ろ姿はほぼ確認することがない。いや確認しない方が幸せなのかもしれない。女性にとって自分の後ろ姿なんてものは、彼氏の携帯ぐらい見ない方がいいものだ。

見ていいことなんて一つもない。現実は時に残酷で、知らない方がいいこともある。それでも繰り返し申し上げますが一応、私も美容系のはしくれなのでやはり手入れを始めなければならない、と重い腰を上げ背中美容をスタートした。全身の脂肪配置のバランスは遺伝によるものが大きいらしいので、両親の背中を見ればそれが自分の後ろ姿の行く末だと想像しやすい。なるほど、ウエストはなんとか維持しながらも、肩甲骨周りがたるみやすい家系らしい。

とはいえ、「部分痩せは不可能だ」といつもパーソナルトレーナーに言われているからどうしたものか。体重を落としつつ運動で引き締めるしかない。バストケアのように、気にかけて、日々触ることを続けてみるようにした。日々の生活で肩を内側に巻く姿勢が長いから、背中はとても凝りやすくシルエットがもっさりしがちなことに気づく。その上から年齢を感じるややダルっとした皮膚が覆う。寝る前にストレッチポールで背中をほぐし、自然に胸を開く姿勢をとれるように心がける。月に1〜2回インディバをかけ、皮膚に熱を入れて引き締める。そして重力との戦争にもはや疲れ果てているヒップラインは、筋肉をつけるしかない。マンションの裏階段を地味なスウェットにレギンスで十数階、毎日(で、できるだけ……)上っている。苦しくて仕方がないが、お尻はもとからボリュームがすごいので比較的すぐに手ごたえを感じている。ビタミンAとC入りのボディオイルを背中よ、お尻よ、引き締まれ！と塗り込む。

そして極めつけは潜在意識。iPhoneのロック画面を美しいモデルの後ろ姿にした。毎日毎日、その写真を見ることで潜在意識から美しい後ろ姿になれるように。

もはやそれは、祈りに近い(笑)。

今、私はこうして締め切り間近の原稿を書いている。誰もいない自宅は床暖房が利いていて、暖かく静かだ。傍らにあるカフェラテはセブンイレブンで買ったものだが、コストパフォーマンスは日本一の飲み物だと思う。そして筆が乗るほどに背中は丸く前のめりになる。おっと、と気づき下腹に力を入れ姿勢を正す。これからちょくちょくSNSで自分の背中を晒したいと思う。いつの日か「背中美容家」とプロフィールに書き足すことを夢見て、今日のおやつはゆで卵にする予定です。

C

A ビタミンA・C・E配合の多機能オイル。バストのハリケアにも。エンビロン モイスチャーACEオイル 100ml ¥9790／プロティア・ジャパン **B** 脂肪の代謝を上げる結果主義のバスオイル。ポール・シェリー シルエット クラリファイング バスオイル 150ml ¥7700／ピー・エス・インターナショナル **C** 甘い香りで満たされるボディスクラブ。ローラ メルシエ エクスフォリエイティング ボディウォッシュ アンバー バニラ 200ml ¥7150／ローラ メルシエ ジャパン

産後の「脱力バスト」にかける言葉

「ほかのことは知らんけど、おっぱいに関
しては人生トータルで考えたら誰もが絶対
平等になるようにできている」
元グラビアアイドルの友人の言葉である。
華奢な体に天然物のたわわな胸で一世を
風靡した彼女も、もう2児の母。年に数回、
互いのファミリーと行く旅行先で温泉に
つかりながらする話といえば、家族の愚
痴か顔と体の老化についてである。

彼女曰く、若い頃に胸が大きいと確かにち
やほやされ、必要以上にいい思いをしたこと
もあるかもしれないが、出産を経験したり老化
すると、バストは大きいほど確実に下垂する。一方
でボリュームのない胸は、年齢を重ねてもずっと服を
綺麗に着られるし、手入れも楽じゃないか……ということらしい。

ちなみに、世界一どうでもいい情報であるが、私も胸が人並みよりやや大きいほ
うである。若い頃はそのおかげで、顔面の得点に多少の加点を頂いていると肌で
感じていた。しかし問題は産後だった。常日頃思うのだが、出産後の女性の体の
変化についてディテールがあまり語られていないのはなぜなのだろう?
赤ちゃんがスポーンっと出てきた瞬間から腹は凹み、すべては元通りになると思
っていた私は、本当にトラブル続きだった。バストに関して言うと、妊娠中から
スイカのように腫れ上がり、授乳中は皮が伸びきるほど膨れ上がる。血管は浮き
出て奇妙な見た目に。やっと卒乳しひと仕事終えたバストは、まるで萎み切った
風船のように脱力し、削げたデコルテよりやや下に鎮座することとなった。
ぷくぷくで全身ハリのある子どもとお風呂に入りながら、「私の胸の生気は全部君
たちに捧げたのだよ」とやや恨めしく思ったりしたものだ。
諦めきった時期を過ぎたある日。私より少し年齢が上のモデルさんから、「バストは

ね、話しかけなきゃダメ。諦めたら向こうもやる気失くすから。毎日話しかけて触ってあげるんだよ！」とアドバイスを頂いた。

その隙のない美貌を前に信じるしかなく、その日からバストケアに努めることにした。

まずいくつかバストケアサロンに行ってみた。さまざまな方法を体験したが、唯一結果を感じたのが某サロンで勧められた補整下着。毎日毎日、ガッチガチの下着のカップに体中から寄せ集めた肉をしまってみる。おかげさまでバスト周りの皮膚は弾力を失っているので、まぁまぁ寄せ集めが可能である。継続的に「君はここに納まりなさい」とバストの肉に促すと、少しずつ形が変わるように思えてくるのだ。

そして、皮膚には保湿が肝心だ。お風呂上がりにオイルやクリームでお腹から腕、背中を保湿。それらの肉を胸に向かって流すようにマッサージする。毎度出てくるトレーニングの先生曰く、「全身の脂肪配置が変わるなんてありえない。そんなことが起きたら死んでしまう」そうだが（笑）、自分に手をかけ、下着でバストの位置を上げて自らに暗示をかけることで、胸はハリを取り戻すと信じている。

人間は潜在意識に働きかけて実現可能だと思い込むことができると、ぐっとその想いが叶いやすくなる、と聞いたことがある。少しだけハリを取り戻した胸を見て、毎日ケアすることで潜在意識にアプローチできたのかしらと嬉しくなる。

あとは24時間バストを自由にしておかないこと。寝る時にはナイトブラを着け、重力に抗うことが肝心だ。まだまだ私は自分の体を諦めない。若い子が知らない楽しみを知ることの代償に、萎んでいく皮膚、落ちていく代謝。失ったものもあるけれど、それでも今を驚くほど楽しく生きている。ぴちぴちのお肌の頃不安に思っていた「大人の人生」は、思いのほか希望に満ちている。

A プッシュアップ機能が高い育乳ブラ。理想のバストを諦めない決意をした時、弾みをつけるべく購入。ブラデリス ニューヨーク ベルブラ ¥9020、ベルショーツ ¥4290／ともにゴールドフラッグ　**B** 産後にたくさんお世話になったバスト用乳液。バストエリアのコラーゲン生成をサポートして、たるみを防止。レ ビュスト フェルムテ 50ml ¥8800／クラランス　**C** おっぱい活動におすすめのハリ系ボディクリーム。ビタミンA誘導体がキメを整え、透明感までお任せ！ ザ セラム ボディークリーム 200ml ¥5830／mukii

ムダ毛問題は「終わりなき旅」

「VIOの形に悩んでいます」そんな質問がSNSに届くたびに、「のどかだなぁ」と温かい気持ちを噛みしめる。

とはいえ、よほどの関係でない限り、周囲の人がどのように扱っているのか分からない部分だから、迷う気持ちも分かる。参考にする対象もあまりない。

以前、ふと気になってSNSでアンケートを取ったことがある。すべて脱毛済みの方、少し残して脱毛している方が6割、まったく手を付けてない方が4割程度だったと思う。私がVIO脱毛デビューしたのはたしか20代終わりだった。

まだ機械の選択もあまりできない時代で、レーザーを当てるたびにベッドの端を握りしめて踏ん張っても、飛び上がるほど痛かった。「大丈夫ですか？」と可愛いナースに声をかけられても、「大丈夫じゃないことは君も知ってるだろう？」と思いながら、爪を手のひらに食い込ませて痛みを逃がして頑張った。

脱毛というのは本当に、終わりなき旅だ。あぁ終わったと思っていると、しばらくして意外なところから数本ピロっと生えてきたりする。これまたそのためにクリニックを予約してお金を払うのはイラっとする絶妙な生え方で、もうその部位の毛の状況を気にしたくないがために脱毛を頑張ったはずなのに、週に何度か「ピロ毛」の確認をしなくてはならないのだ。

最近は便利なことに、家庭用脱毛器の進化がすごい。

コロナ禍で時間を持て余しクリニックにも通えなかった時、最新機種を購入したことがある。それまでは「効果がありすぎたら逆に怖いかも」と家庭用脱毛器とは距離を置いてきたのだが、意外やナイスな結果をもたらした。

レーザー脱毛後、右足の親指に1本だけ残った毛があり、足のネイルを直しに行く前に必ず確認しなくてはいけなかった。うっかり忘れたりすると、ネイル中は「メンタル拷問」だ。

「『この人美容にすごいお金かけてるのに、こういうところは気にしないのね』って絶対思われてる」と冷や汗をかきながら、ネイリストさんとの会話も上の空。なんとも恥ずかしい思いをする。

そんな指毛も、家庭用脱毛器を数回使って見事になくなった。そこからハマり、「ピロ毛」との格闘は自宅で行うことにした。友人には家庭用脱毛器で全身脱毛を終え

たツワモノもいて、最近の家庭用脱毛器は侮れないということをぜひお伝えしたい。

話は戻るが、医療レーザー脱毛の機械には大きく分けて2種類ある。熱破壊式と蓄熱式だ。すごく簡単に言うと太くて濃い毛、効果実感を早くしたい方は熱破壊式。産毛脱毛や敏感肌、日焼け肌の方、痛みに弱い方は蓄熱式(個人の見解です)。クリニックによって置いている機械が違うので「機械名　熱破壊式」と検索してみると分かりやすいと思う。

女性には、生えてきてほしい毛となくなってほしい毛があるから忙しい。
大人になると薄毛が気になって、頭皮に発毛を期待した幹細胞を打ってみたり、

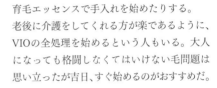

最速0.46秒間隔の高速照射が可能な家庭用光脱毛美容器。指や口元、うなじなどの照射しづらい部位も付属ヘッドでケア。ピュアフィット ホワイト ¥52800／スムーズスキン

育毛エッセンスで手入れを始めたりする。
老後に介護をしてくれる方が楽であるように、VIOの全処理を始めるという人もいる。大人になっても格闘しなくてはいけない毛問題は思い立ったが吉日、すぐ始めるのがおすすめだ。

今や、脱毛は女性だけのものではない。忘れられないのが、とある広告撮影の日。年齢差が20くらいある若いモデルと、VIO脱毛の話題になった。
「彼が全部ないから、最近また私も脱毛頑張ってるんですよね」という話に耳を疑う。「え？　彼が？　全身脱毛済んでるの？」と聞くと、「え、はい」とモデル。その表情は「そんなこと大して珍しくないだろう」というふうに見えて更に驚く。
ヒゲ脱毛がメジャーになってきたなぁと思っていたのだが、時代はとっくにメンズVIOにまで到達していた。友人のナースに聞くと、最近ではすねや腕の毛まで脱毛する男性も増えているらしい。
それにしても、いつから毛はこんなに悪い存在になったのかしら。
本を正せば皮膚を守るために必死で生えてきているものなのに。
そんなことを思いながらピロ毛チェックをして、今日も元気に仕事に向かいたいと思います。

「匂い」を纏うのは
「臭い」をケアしてから

私にはゲイの友人が数人いる。あの人たちは、
匂いに本当に敏感。
「ごめん。あたし今日口が臭い」
「今、ジム行ってきたから汗臭いかも」
年中、自分たちの体臭を気にし、そしてケアする。
おのおの自分にぴったりの香水をふわっと身に
纏いながら「あんた元気なの？」と現れる。
きっと、匂いが大切なセックスアピールだと知
っているからだと思う。

SNSの世界にいると、匂いや温もりなんてまるで
気にならないけど、実際会って触れて話して、
のリアルな世界では、
見た目よりもずっと気にしなくてはいけないこ
とがたくさんある。
表情、仕草、話し方、そして匂い。
外見プラスαの要素が、その人の印象を強く決めてしま
うこともある。

好きな香りを纏うことも大切だけど、「臭くならない」と
いうのも大切なこと。
みなさんは「脇ボトックス」を打ったことはありますか？
あれは本当に便利。年に1〜2回打つと脇の下に汗をほと
んどかかなくなる（自分比）。
濃い色のトップスを着ても涼しい顔をしていられる。
ただ、脇の下に注射を打つのは猛烈に痛いのだ。
片脇で20回程度針を刺すのだが冷や汗が止まらないほど。
片方が終わってももう片方もあるのでさらに拷問感が増す。
いくつかクリニックを転々として、細〜い針を採用して

A

JASMIN
DES ANGES

CHRISTIAN DIOR
PARIS

B

JO MALONE
LONDON

ENGLISH PEAR
& FREESIA
COLOGNE

いて痛みが40%オフになる気がするところを見つけ、そこにずっと通っている。

40歳を過ぎると体臭ももちろんだけど、加齢臭のケアも忘れない。
人と会う日は歯磨きセットを持ち歩き、食事が終わると歯磨きをして口臭もケア。「気になる頭皮の加齢臭をケア」なんていうCMを見るとゾッとして、今日はスカルプクレンジングもしようと心に決める。

最低限の「臭い」系ケアをきちんとしたうえで、良い香りを纏いたい。
私は長年アパレルの仕事をしているのでサンプル試着の業務が多く、服に匂いがつかないように香りをヘアパフュームで楽しむ習慣がある。
後ろ髪の内側に大好きなヘアミストを仕込み、動くたびにふわりと香るのが好きだ。

あとはボディクリーム。
ヘアパフュームと同じ香りにしたり、同じブランドであえて香りを変えたりする。
お風呂上がりにたっぷりと塗り、体温で溶け込んでほのかに香るのを楽しみたい。

香りは女にとっての小さな魔法だ。
たとえすっぴんで外出している時でも、好きな香りを身に纏っているだけでなんだか少し自信が持てて気分よくいられるから不思議だ。
聴覚＝声、触覚＝肌感、嗅覚＝匂い。
五感に訴えかける美容で、視覚以上に加点をゲットしたい。
誰にだってまだまだ伸びしろはある。「美人風」はいくらでも作れるのである。

A香りの余韻が続くジャスミン。メゾン クリスチャン ディオール ジャスミン デ ザンジュ 250ml ¥48400／パルファン・クリスチャン・ディオール **B**洋梨をお花のブーケで包んだ、みずみずしく可憐な香り。イングリッシュ ペアー ＆ フリージア コロン 100ml ¥21340／ジョー マローン ロンドン **C**看護師たちのニックネームを名にした、温もりと思いやりを感じるローズの香り。バイレード ローズ オブ ノーマンズ ランド オードパルファム 100ml ¥34980／エドストロームオフィス **D**洗いたてのシーツに包まれるような清潔感のある香り。レプリカ オードトワレ レイジーサンデー モーニング 100ml ¥23540／メゾン マルジェラ フレグランス

「聞いてないよー！」
私の産後に起きたハナシ

産後経験した苦悩や苦労を先輩ママたちに伝えると、「わかるぅ〜」と言われる。「いやいや、早く言って？」「産前の体調に戻すにはずいぶん時間がかかるんですね？」と思わずキレそうになる（笑）。

この章の他のコラムで、産後はおっぱいが空気の抜けた風船みたいになることや、ずっと反り腰でいるから腰痛がなかなか治らない話についてはお伝えしたが、気を付けていただきたいことはまだまだある。

A

1人目の子どもを出産し1歳になったころ、不意打ちの鼻血が続いた。何の前触れもなくつーっと伝ってくる鮮血は、今まで鼻血慣れしていない私にとっては衝撃で、これはもうなにか大きな病気なのかもしれないと憂えた。
結局、原因は栄養不足。授乳期間中、栄養を与える側の私はたくさん食べても全く太らない体を手に入れた。年中無休のダイエッターだったので「食べても痩せちゃうんだよね」という、一生に一回で良いから言ってみたかった言葉を発する機会を得て、それはそれは食べまくっていた。カレー、オムライス、パスタ、モンブラン、ショートケーキ……。乳腺炎にもなりにくい体質だったので、今までコントロールしていた炭水化物や糖質をたっぷりと。産後のストレスに加え、授乳による栄養不足で、気付かぬうちに粘膜が弱くなっていたようだ。その後、バランスの取れた食事に加えてプロテイン、ビタミンを飲むようにしたら徐々に回復した。
あとは貧血。鉄分も授乳で持っていかれるので、何をしてもふらふら。体力勝負の赤ちゃんとの生活で貧血は本当につらくて、これも早くから鉄分をしっかり摂っておけばよかった。

肌トラブルといえば、やはりシミが濃くなる。ホルモンのバランスで、今までは簡単にメイクで隠れていたシミがな

んだかくっきりと。寝かしつけをしながら洗面台の鏡をのぞいては「うぅー。シミ取りしたい」と思う。授乳期を終え、しばらくすると少し薄くなるから、そのタイミングでぜひケアを。大丈夫、きっと良くなるはずです。

ホルモンバランスの乱れつながりで、ニキビに悩まされる方も多いと思う。しっかりビタミンCを摂り、脂質に気を付け、余裕があれば皮膚科に相談するのもいいし、週2くらいでスキンケアファクトリーのパックをしてみるのもおすすめだ（本書に何回も登場中。大好きすぎ）。

そして、私は乾燥肌にも悩んだ。特に冬場はつらかった。子どもと一緒に入浴した後、親の私は顔はおろかボディの保湿なんてしている暇がない。さらにタイツを穿いているから油分が奪われ、乾燥が積もりに積もってかきむしるほどかゆい。ただでさえ敏感になっているから、クリームを塗るだけでは良くならず、処方されたか

美容液要らずの最強化粧水×乳液で肌力をキープ。A角層の水分と油分のバランスを整えて、ふっくらしたハリ。B.Aローション 120ml ¥22000、B濃密ミルクがとろけるように浸透し、肌が柔らかく。同 ミルク 80ml ¥22000／ポーラ

B

ゆみ止めを塗って治まっても、かいた跡がしばらく色素沈着してしまうほどだった。産後、時間がないとは思うが、ベビに塗ったクリームを自分のボディにもなんとか塗ることを強くおすすめしたい。スキンケアについても、時短で癒やし＋肌力をキープする意味を込めて、高機能化粧品の力を借りて乗り切ってほしい。

　と、大変だったことを書き連ねておいてアレだが、子どもは猛烈に可愛い。震えるほど……を通り越して、痙攣してしまうのではないかというほど可愛い。謙遜文化のある日本では、「結婚すると大変だよー」とか「子育て大変〜」とかそんな言葉をSNSで見かけることが多いので、未婚の方から「お母さんになると大変そうで、子どもを産むのが怖いです」と相談されることが少なくない。いやいや、本当に子どもとの時間は奇跡の連続で、癒やしの塊。今まで見ていた景色がまるで違うものに見えるくらい、甘やかで尊い時間です。シルクのような毛穴レスなお肌をなでなでしては、「生まれてきてくれてありがとう」を繰り返す。もし、分からないことがあったらいつでも、私のライブでコメントしてみてください。全国のお母さんフォロワーさんが、全面サポートしてくださると思うから。

「皮膚の変態」がシートマスクを愛する理由

マスク美容はタイパ抜群

「特別感のあるスキンケア」と言えば断然パック。

昔から大好きなアイテムだ。

毎日の必須ケアでないからこそ、使い方に個性が出る。

学生時代はデート前に必ずしてたなぁ。

『SK-II』のフェイシャル トリートメント マスクをアルバイトで貯めたお金で買い、必ず前日の寝る前と当日の朝に使っていた。

寝る前は顔にのせた後、それを使って全身をふき取る。

そのまま眠って朝シャワーを浴びると、お肌がツルツルになった実感があってテンションが上がる。仕上げにごく薄く、丁寧にボディクリームを塗ると上質な女になったような気がしてすこしだけ自信がつく。

まるで、デート前のおまじない。とても好きな習慣だった。

仕事を始めてからはデスクワークのお供として。

20代から自営業でオンラインショップを運営していたので、PCがあれば寝る直前まで仕事ができちゃう環境で、お風呂上がりにはご褒美にデパコスのシートマスクをしながら新作の服の売り上げに一喜一憂し、朝は『アルビオン』のスキンコンディショナーのローションパックをして店の売り上げをチェックする日々だった。20代はほぼ仕事に没頭していたのでその分スキンケアにふんだんにお金をかけることができて、美容が癒やしであり救いだった時代。泣き笑いしながらシートマスクをしていたのが懐かしい。

この時期にドラコスからデパコス、マダムブランドまで、ありとあらゆるブランドのシートマスクを試したと思う。

そこで見えた結論。シートマスクの要とは、シートの素材と含まれる美容液の相性。『エクシア』のシートマスクや『エスティ ローダー』のパックは、テクスチャー、フィット具合、翌日の仕上がりが完璧でよくリピートしていた。

30代になり出産を経て、自分を構う時間が圧倒的に減った。

夜、風呂場で子どもの体を洗いながら自分の顔を久しぶりに鏡で見て、その疲れ具合にぎょっとすることが日常だった。

いつかご褒美に！　と思って買ったシートマスクが引き出しいっぱいになった時、毎日頑張ってるし、もっとカジュアルに使おうと心に決めた。3分でも5分でも、授乳をしながらでも、ご飯を作りながらでも使うことにした。子どもたちはいつもスケキヨみたいに顔面が白い母にすっかり慣れ、もはや驚くこともない。

子どもの習い事の参観に行った時のこと。母の日が近かったこともあり、教室の後ろに貼り出されていた絵。

お母さんの似顔絵といくつかのモチーフが描かれているのだが、他のお子さんはママとフライパンやママとエプロン、なのに対し、我が子はママと口紅＆シートマスクの絵（笑）。顔から火が出そうなほど恥ずかしかったのを今でも覚えている。

家事や仕事をする時に使うシートマスクは、つけているのを忘れるくらいフィット感がしっかりしていることが重要で、薄ーい柔らかいものが良い。それに外すのをしばし忘れたりその後のクリームを省いても、うるおいが続くほど美容液がしみ込んでいると更にいい。個人的には『Abib』や『ＶＴ』、『ファミュ』のものがしっかりフィットするので好みだ。

そして最近のハマりものはトラブルケアできるもの。

『スキンケアファクトリー』のビタミンCパウダーに精製水を入れて使うパックはとにかく名品で、ニキビができた時、数回使うとあっという間に治る気がする。さらに裏技で、これに『BBラボラトリーズ』のプラセンタを混ぜるとより一層、透明感が増し肌荒れの回復が早い。これはもう私のベストコスメ的存在で、長年愛用している。そして、『POLA』のホワイトショットのマスク。これは赤みが出てしまった時のレスキューアイテム。「皮膚の変態」業に熱が入り、攻めたケアをして翌朝ヒィッてなったらこれの出番。すぅっと赤みが引いて透明感を高めてくれる。

娘がお弁当生活になり、朝起きる時間が1時間ほど早くなった。その分朝できるスキンケアが増えて、炭酸パックや水素パックなどの塗る系のものやシートパックなど、いろんなパックを組み合わせてスキンケアを楽しんでいる。

まさに変態のモーニングルーティン。

面倒だけれど、お弁当の作り置きはしない予定だ。なぜなら、お弁当を作る時間にパックをたくさんしたいから（笑）。

「皮膚の変態」的
高パフォーマンスシートマスク

ありとあらゆるシートマスクを試してきた「皮膚の変態」による、
タイパ抜群、高パフォーマンスな名作のエキシビション。

DECORTÉ
ホワイトロジスト
ブライトニング マスク

IGNIS
ルーティン ケア

（上段左から）ドライヤー中の
ながら美容のお供。ハーブの
香りでリフレッシュ。28枚
￥5500／イグニス 夏の旅
行に持参する美白ケアマス
ク。[医薬部外品] 6枚 ￥
11000／コスメ デコルテ
驚異の皮膚再生力を持つヒト
デエキスのパワーで内側から
ふっくら。15分の集中リペ
アマスク。4枚 ￥4500／シ
ン ピュルテ （下段左から）
密着度の高いシートがこの世
で一番好き。鬼リピ！ 5袋
￥5060／アリエルトレーデ
ィング 美白ケアと並行し
て、赤みや肌荒れを抑えるレ
スキューマスク。[医薬部外
品] 7包 ￥7480／ポーラ

FEMMUE
ルミエール
ヴァイタルマスク

SINN PURETÉ
AG スターフィッシュ
シートマスク

POLA
ホワイトショット マスク QXS

急いでいる時に
頼りになるスキンケア

Bioré
ザ クレンズ オイル
メイク落とし

NUXE
プロディジュー
オイル

Mediplus
メディプラスゲル

LA MER
ザ・モイスチャライジング
ソフト クリーム

（上から）疲れている時は、マスカラまでこ
れで一気にいっちゃう！ 摩擦レスで浮か
せて落とす。190ml ¥1298※編集部調べ
／花王 顔・体・髪のトータルケアが可能
な、リッチな香りのマルチオイル。お風呂
上がりの時短保湿に。100ml ¥5940／ブ
ルーベル・ジャパン ポンプ式がありがた
いオールインワンゲル。180g ¥4400／
メディプラス 炎症と肌老化の関係性に着
目。エイジングケアできるお守りクリー
ム。60ml ¥53240／ラ・メール

My daughter and Me

Zzz.......

Chapter

5

人生の悩みも
美容で解決しましょ

書籍版
「真理子会議」

インスタグラムで開催される「真理子会議」。
美容はもちろん、婚活女子や人生の岐路に
立つ女性から多くの相談が寄せられる。
心のサプリメントになるような
言葉の数々——今回は書籍版でお届け。

Mariko's meeting special

Q.

「大人の色気」ってどこに宿りますか？

「大人の色気」ほど塩梅の難しいものはない。出しすぎても物欲しげな人みたいになっちゃうし、出さなすぎて女を捨てた人にもなりたくない。他人から女性として扱われたいという思いは、正直いくつになってもある。それは、好意を示されたいというのとはちょっと違って……とにかく骨董品扱いは嫌なのである。

誰もがSNSで情報を発信できるようになり、同じくらい誰でもその真贋を精査できるようになった。誰かに認めてほしいけど、叩かれるほどの覚悟は誰も持ち合わせていないから、結局きれいごとばかりがタイムラインに溢れかえる。
　だから「大人の色気」もなんだかクリーンで無色透明、みたいな曖昧な存在になって、ただの若づくりと紙一重になりがちだ。

大人の色気を感じた、と言えば。
　いつだったか某媒体でタイアップの撮影があった時、美容系インフルエンサー（私）と編集者との対談があった。私の撮影がひときり終わった後、ふらりと現れた数名の編集者たち。
　メンズライクなダークベージュの3ピースのスーツを着た人と、脚を長く見せることを狙ったわけでもないベーシックな黒のパンツに柔らかな白のブラウスという装いに黒縁の眼鏡を合わせた人が「メイクなんか全然してないよ。どうしよう」と笑いあう。

彼女たちからは性別を超えた知性がダダ漏れで、常日頃から皮膚

管理やら清潔感やらモテやら、そんなことばっかり考えてる私は
気絶しそうになった。
「やべぇ。勝てないわ。こりゃ」
そう。彼女たちはものすごく色っぽいのである。

大人の色気とは知性である。今、そう定義したい。

お金さえ払えば、シワも取れるし胸も膨らませることができるこ
の時代。
容易に手に入れられる「見かけ倒しの美」は安易で薄っぺらい。確
かにそこに努力は存在するけれど、それで誰かの気持ちに揺さぶ
りをかけることはできないのかも。
ミニのスカートから覗くぴちぴちした脚を持つ若い女ではなく、
年月をかけ酸いも甘いも経験し学びをやめなかった女。

これこそが大人の女の色気なのだ。
目には見えず、一朝一夕では出てこない経験と知識、そしてそれ
をひけらかさない知性。
ずんっと胸に響いて、思わず「今日は良い日だ」と呟きたくなった。

色気とは時を経て形を変えるものだ。
異性を魅了するセックスアピールから、経験と許しを持つ包容力
へと移り、きっと最後は健康や生命力に着地する気がする。

それ以来私も、皮膚について学びを深める時間を長く持つように
なった。
「私のためだけ」ではなく、誰かの役に立つ知識を得るために。こ
れまでため込んだ経験や知識を、惜しみなくシェアすることで、
私も「大人の色気を持つ人」に少しでも近づいてみたい。

Where is my charm……?

A. 全然ウェルカム。何に対してもフェアでいたい

Q. 真理子さまは割り勘彼氏をどう思いますか?

男性が奢らないといけない、女性は奢られないといけない。奢られない女の価値はどうのとか。そういう従来の世間の価値観ではなくて、自分の価値観、自分の金銭感覚次第だと思う。100円でも割り勘にする人もいるし、男性には何から何まで全部奢ってもらいたいみたいな人もいるし。一人一人の性格と同じでいろいろな価値観の人がいるから、金銭感覚って正解がないんですよ。そういう意味で、私は割り勘は全然ウェルカム。割り勘でいいから、フェアでいたい。何に対してもフェアでいたいっていう人、実際は結構多いんじゃないかな?「自分の話もちゃんと聞いてほしいし、家事も子育ても手伝ってほしい。だから全然割り勘でいいよ、私もちゃんと稼ぐから」そんなフェアなマインドを持っていたい人なら、割り勘も全然いいと思う。

つまりこれって、異性に対するタイプの問題。「こういう顔の人が好き」っていうのと近い感覚だと思ってます。

Q. キレイでいないと幸せになれませんか?

A. キレイか、キレイじゃないかより自己肯定感が高い女、最強

「キレイ」と「幸せ」がイコールであるなら、全女優が幸せじゃんってなるけど、必ずしもそうではない。だとすると、どんな人が幸せになれるのか? まずは「自分なんか……」って悲観と卑下をしないこと。性格が面倒な人って、何をしても「でも〜」って言うじゃない? 面倒くさいと幸せにはなれない気がしています。

若い頃からずっとモテていて、結婚して出産をして、今も幸せそうに働いている知人がいる。彼女はいわゆるぽっちゃりなのだが、少々洋服が入らなくたってめっちゃ前向き。いかに自己肯定感が高いことに意味があるか。明るい女ってすごい。そうだ、美容は自己肯定感を高める作業だ。日々の美容で自分を楽しませてあげることで、きっと自己肯定感は上がっていくと私は信じています。

Q. 「翔平メソッド」を詳しく教えてください

A. 彼氏もしくは夫を
大谷翔平さんかのように扱うことです

自分のパートナーが大谷翔平さんだとしたら？　あなたは
そんな話し方を翔平にするのか？　そんな態度を翔平に取
るのか？と、まずは己の言動を見直すことです。そりゃパ
ートナーに対していろいろと思うことはあるだろうけど、
他人を変える前に自分を変える方が、自分のゴール設定に
より近づけるよってこと。ただこの「翔平メソッド」は、モ
ラハラ男などダメンズは例外です。そういう男はただただ
調子に乗るだけだから、除いてほしい。自分のパートナー
に関しては盲目になりがちで、ダメンズかどうか分からな
いという人は、自立心と相手に依存しすぎない心を、必ず
セットで持つように意識してください。
「翔平メソッド」を実践すると、「俺を大谷翔平みたいに扱っ
てくれる人は大事にしないと」「俺が下手こいたら、いなく
なっちゃうかもしれない」と相手が思うようになります。結
果的にあなたの理想のパートナー像に近づき、どんどんい
い男に育っていくはず。

Q. 体の美白に圧倒的におすすめの方法は何ですか？

 日焼け止めを黙って2年間
塗り続けて、日焼けをしない！

もうね、黙って2年間日焼け止めを体に塗ってください。美
白に関しては、日焼けをしないこと。これが一番コスパが
よくて、一番手っ取り早い。最近はUV対策としてお洒落度
外視の黒いカーディガンを着たり、帽子を被ってる人も増
えたけど、それらを身につけていても日焼け止めって
100%必要だからね。カーディガン着てるから日焼け止め
はいらないなんて思っていると、マジで焼けるから！　体
にも首にも耳にも、ちゃんと塗ってね。

Q. 若い頃からアイクリームをつけていましたか？

A. つけてなくて
今、すっごい後悔してる！

ずっと「アイクリームってフェイスクリームを厚く塗ったら同じじゃない？」と思って生きてきたんです。メーカーさんからお話を聞いて、アイクリームは眼輪筋へのアプローチを考えて作られたものが多いから、普通のクリームとは違うということを知りました。思い込みでケアをサボっていた自分に喝を入れたい……アイクリームはエピステームを筆頭に、ロート製薬が強い。目薬が有名な会社だけに目元へのアプローチに詳しい、と。どうしてもアイクリームに対して疑い深い人は、ロート製薬のものがおすすめです。

Q. よく「働く女にはSK-Ⅱ」とおっしゃいますが、
デパコスに投資する意味を教えてください

A. 高まるスキンケアを使って
自分を慈しむ時間を持ってほしい

SK-Ⅱを端的に表すと、「くすみに強い」。忙しく働いている女の人って、仕事が楽しいからつい睡眠時間を削っちゃったり、ストレスもあったりして、肌がくすむ人が多いんです。くすみの何が恐ろしいかって、一度くすむと7日間取れないんですよ！　衝撃！　そういう意味で、くすみを溜めない肌をつくるSK-Ⅱを働く女性には推したい。

忙しい日々を送っているからこそ、スキンケアで自分を慈しむ時間を持ってほしいとも思う。そんな自分への慈しみタイムに、どんなスキンケアを使うか？　私だったら間違いなくデパコスを使う。美容のお仕事で話を聞かせていただくと、各社とんでもない金額を投資して研究をしているのが分かる。皮膚に効果的にアプローチする成分はもちろん、テクスチャーや香りなどの使用感まで追求して、とにかく消費者に寄り添ってくれるのがデパコス。だからこそデパコスを使うと、気持ちまでアガるんだと思う。デパコスへの投資は、自分を高めるための方法の一つ。

Q. 真理子さまは筋トレは必要だと思いますか?

A. めっちゃ必要。筋肉は
年齢を重ねても増やせる細胞

筋肉は年齢を重ねても、唯一増やすことができる細胞なん
ですよね。それ以外の細胞は、衰える一方。そうなったら
もう、筋トレで筋肉を増やすしかなくない? 顔と体の筋
肉は関係ないと思うかもしれないけど、体を鍛えることで
フェイスラインも変わってきます。ピラティスの先生を見
ると、輪郭がキレイな方が多いのに気づくと思います。あ
とは、筋肉を増やすと代謝もよくなる!
私はパーソナルトレーニングを週2回、ピラティスを週1回
続けています。日常生活がほとんど車移動なので、もはや
リハビリみたいなもんです(笑)。

Q. 服に日焼け止めがつくのが嫌です

服に日焼け止めがつくか、顔にシミがつくか、さぁどっち?
と言われたら、私は全力で顔にシミがつくのが嫌! 後々
シミを取る方が、時間もお金も断然かかるんだもん。だか
らどんな服を着ていても、日焼け止めはギャンギャン塗っ
ちゃう。日焼け止めは透明タイプを選べば、服についても
目立ちにくい。工夫はできるはず。
日焼け止めもそうだけど、ビタミンCの化粧品も服に害を
与えてくるよね〜。パジャマの首周りとか、布団とか、気
づいたら黄色くなってるやつ。パジャマを月に1回買い換
えなきゃいけないとか、その辺の面倒くささは否めないけど。
パジャマよりもビタミンC優先で、今日も生きてます。

でもさ、顔にシミがつくのも
嫌じゃないですか?

Q. インスタライブでよくお話しされている
「エルメス理論」とは？

A. あなたは丁寧に扱われる価値がある人。 だから、安売りしないこと

エルメスに置いてある品々は、誰もが丁寧に扱って、決して安売り
されることはありませんよね。それと同じで、仕事でも恋愛でも自
分を安売りしないこと。自分自身を丁寧に扱われる価値がある人間
だと考えることで自分を大切にできるし、周りからも丁寧に扱われる。
それが私が考える「エルメス理論」です。
具体的に、自分を大切にするとはどういうことかというと、細かい
パーツまで行き届いたケアをして、全身に清潔感を宿すこと。誰が
見ても「この人は丁寧に扱わないと」と思うように、美容で管理して
いきましょう。高級品を身につけることは誰もができることではな
いけど、美容で自分を丁寧に扱うことはできるよね。手入れの行き
届いていない姿でハイブランドを持つより、肌や髪、爪をキレイに
してプチプラアイテムを持ってる方が、断然素敵だと思います。

Q. ニキビ跡に悩んでいます。
赤みを落ち着かせたい！

A. ターンオーバーの促進で 赤みの代謝を促して

ニキビの炎症を鎮静させるケアを続けながら、肌代
謝を促すケアを並行して行っていくのがポイントです。
鎮静ケアに関しては、よく韓国コスメで「CICA(ツボ
クサエキス)」という言葉を聞きますよね。たくさん
アイテムも出ているので、パックや美容液などで取
り入れてみてください。そして肌代謝を促すには、
成分としてはビタミンAを取り入れてほしいかな。
肌のターンオーバーが促進されると、赤みのあるニ
キビ跡が代謝されて薄くなっていきます。

1肌を健やかに整えるティーツリーやツボクサで鎮静。バイユア
スージンググリーン アクアセラムマスクv1 ¥390／Hamee **2**
ビタミンAで代謝させ、Cで毛穴を引き締める。エンリッチ メ
ディカリフト デュオセラム 26ml ¥12100／ドクターシーラボ

Q. 韓国人の肌の毛穴のなさに驚きます

A. 日本人だって 美しい肌をしていますよ！

韓国は美容医療で皮膚管理をしている人も多いですよね。たしかに肌はツルツルのむきたまごちゃんみたい。だけどメイクもめっちゃ濃い人が多いからね。日本人はスキンケアと薄ファンデで、美しい肌をつくれていると思うから自信を持とう。

1 2 3 4 5

肌をふっくら見せるエイジングケア美容液を味方に

1 シワが気になる部分に塗り込む「塗るプロテイン」。リンクルショット ジオ セラム プロティアン [医薬部外品] 40g ¥11000／ポーラ　**2** 過酷な環境でも生き抜く深海の藻類の力で、ツヤとハリ出し。ソワン ノワール セラム コンサントレ 30ml ¥60500／パルファム ジバンシイ　**3** ナイアシンアミド配合でシワ改善と美白ケア。アスタリフト ザ セラム リンクルリペア [医薬部外品] 夜用 18g ¥4290／富士フイルム　**4** プラセンタで色ムラのない肌に仕上げる。プラセンミルクエッセンス 30ml ¥4400／ビービーラボ　**5** レチノール誘導体のほか、ハリケア成分を詰め込んだ美容液。スマート リペア セラム 30ml ¥10450／クリニーク

Q.

どんな肌を目指すべきですか？

先日久しぶりに母と会う機会があった。

SNSをやっていないあの世代は自分の意見がはっきりしていて気持ちがいい。

「嫌なものは嫌なのよ」「誰が何と言おうとこれは大好き」

他者からの評価を気にせず、どんな場面でもまっすぐに口にする。

一緒にいてひやひやする場面もあるが、なんだかうらやましく思うところもある。

恐らく「ねぇ。いい皮膚ってどんな皮膚？」と聞いたら、スパンと歯切れのいい回答が返ってくるに違いない。

私たちはSNSを通して、世界中の人の生き方を垣間見ることができる。その一方で、無意識に他者の目線を意識して、個性を持ったそれぞれの形の角がとれ、なんともお揃いの同じ形の丸になっている気がするのである。世に溢れるレタッチが施された美しい皮膚を見ては、「もっとほうれい線が薄ければ」「このシミがあるせいで」そんなことを考えてコンプレックスを膨らませる。

みなさんは一日のうち、「無」の世界にいる時間ってどのくらいありますか？

私は犬の背中に顔をうずめて、癒やされている時間だけかもしれない。それ以外の時はせわしなく何かを考え、見て、聞いている気がするのである。

いつまでたっても整理されない自分の脳みそに時々気持ちが悪くなって、最近はあえて何も考えない時間を作るようにしている。

そうすることで、例えば執着していたことの情報源をシャットアウトできたり、無意識にやっていたルーティンの見直しができたりするのである。

そう、本来の意味での「自分らしい思考」をするのがなかなか難しい今、自分が心の底から思う「いい皮膚」を探すのはそう簡単なことではない。

Think about good skin......

そんなふうに思っていた時期に、あやんぬさん(インスタグラム@ayannu)にパーソナルカラー診断をしていただいた。90分間ひたすら、自分に似合う色、服、メイクについて掘り下げていく。知っている自分と知らなかった自分に戸惑いながら、まるで今までの人生の答え合わせをするような時間……。
客観的に自分と向き合い、似合う色や形を明確にする作業を重ねることで迷いが減り、選ぶべきアイテムの方向性がはっきりした。

アンチエイジングや皮膚管理に関しても同じことが言えると思う。
数多くある美容医療にももちろん、向き不向きがある。誰かに効果があった施術が自分に合っているとは限らないし、誰かが目指す肌が、自分にとっての最適解であるとも限らない。

もしも肌に悩んでクリニックに相談することがあるのなら、まずは「好き」を明確にして、目標への道を本気で一緒に考えてくれる主治医を探してほしい。
私は運よくそんな医師に出会うことができた。
好みや生き方を把握し、私の肌に合う施術を提案してくれる。専門ではないジャンルは、腕のいい別の医師の紹介までしてくれる。
美容医療とは、このように患者の心に寄り添うものであってほしいと願っている。
なぜなら「いい皮膚」とは、「自分を幸せにする皮膚」だと思うから。
美容に関するビジネスはすべて、患者を幸せに導くものであるべきだと考えている。

私たちは生まれた時から唯一無二の存在で、美の基準も目指すゴールも十人十色。
だから私も自分らしい皮膚管理を続けて、時にシワやシミに悩もうとも、その工程が1ミリでも誰かの幸せに繋がるように情報を発信できればと思う。

Q. 今月起業します。真理子さまみたいな
経営者になれるように頑張りたいのですが、
不安でいっぱいです

経営者や自営業の人って、不安との付き合い方が上手く
なる必要があると思うんです。トラブルが起きた時、困
ったことがあった時、「おっしゃー！」って立ち上がれる
タイプは自営業にすごく向いてる。「命取られる以外だっ
たら、どんなことが起きても大丈夫！」くらいの、物怖じ
しないメンタルがあると強いよね。
あとは大変なことがあっても、笑い飛ばしちゃう強さ。
改めて振り返ってみると、お酒を飲みながら笑える話っ
て大変だった時のことしかないんですよ。「あの時は泣き
ながら踏ん張ってたわ〜」って言いながら飲むお酒が、一
番美味しいわけで！　調子がよかった時の話をしても、
特に笑うことがない。なので、もちろん不安もあると思
うけど、トラブルや困難を怖がらずにトライアンドエラ
ーを繰り返しながら進んでいきましょう。がむしゃらに！

命取られる以外だったら、
どんなことが起きても大丈夫

Q. 実際、ぽっちゃり体型が好きな男性って
存在するのでしょうか？

A. かなりの確率でいる気がする！
ウエストとお尻のサイズ差が大事らしい

グラビアアイドルの方を見て。細い方も多いけどぽっち
ゃり体型の方もいますよね。そう考えると、かなりの確
率でぽっちゃり好きはいる気がする。うちの旦那さんも
ダイエットを過剰にやると「やめて」ってなるし。
P71の「婚活メイク」のところでも触れましたが、男性が
「いい遺伝子を残せそう」とどのように判断するかというと、
女性のウエストとお尻のサイズの差だと聞いたことがあ
ります（真理子調べ）。ウエストは細くてお尻が大きいと「安
産体型」だと信じられているアレ。つまり、みんながみん
なスレンダー体型を好むわけでもないと思うから、自分
の体型に誇りを持ってボディポジティブでいきましょう！

Q. 仕事したい欲求と妊活したい欲求の間で
悩んでいます……どうしたらいいですか？

A. 女の人にはリミットがある。
全部100点を取る必要はないよ

仕事も妊娠もタイミングがあるので、女の人にはタイム
リミットがあることは前提として押さえておきたい。そ
の上で、私の周りには卵子凍結をしておいて、40代で妊
娠している友人が結構います。もちろんお金はかかるけど、
卵子凍結も選択肢の一つだということをお伝えしたい。
あとは産後に自分の収入がシッター代やスクール代で減
るのを気にしなければ、早い段階で仕事復帰できる！
私は産後1ヵ月で復帰したのですが、お給料のほとんどが
消えました。でもあのタイミングで復帰して後悔はして
いないし、してよかったと思ってる。仕事も妊娠も子育
ても、全部100点を取らなくても意外となんとかなる。
うちの子どももまっすぐ健康に育っております。

Q. 共働きの夫婦です。
子どもが体調を崩すと、いつも私が仕事を調整します。
夫に協力してほしいとお願いしたところ
「俺より年収が高くなったらいいよ」と言われました。
真理子さまだったらそんな時、どのようにされますか？

A. ## 悲しい思いをしていることを
少しずつ伝えていくのはどうかな？

「じゃあもっと稼いでヘルパーさん雇ってよ」と正論を突きつけたいところなんだけど、結局ママが仕事を調整することになっちゃうのよね。「男は外で働くべきだ」「女は家庭を優先すべきだ」みたいな昔から染み付いている思い込みって、なかなかすぐに変えられるわけではないし。かといって相手を理詰めにして論破したところで、自分が幸せになるとは限らない。だから「私は悲しい思いをしてるよ」「しっかり働いてくれるあなたにはすごく感謝してるけど、私ももうちょっと仕事したいな」っていうのを、少しずつ相手に伝えていくことが大事なのかなと思う。ちょっとずつ、ちょっとずつね。

Q. どんな時もイライラを爆発させない
心の持ち方が知りたいです

A. ## 喉まで出かかっている
言葉を出さない練習をしよう

イライラを外に向けて爆発させちゃう人って、何でもかんでも自分が思ったことを口に出しがち。イライラして喉まで出かかっている言葉をそのまま口にすることが、どれだけ自分にとってマイナスかというのを考えてほしい。仕事でも子育てでも夫婦関係でも、イライラを言葉にしてぶつけることが、その後どれだけ足を引っ張るかが見えてくるから。そもそもイライラしがちな人って、余裕がなくて、ゴール設定がすぐ目の前にありすぎるのも問題かもしれませんね。

Q. バストが大きいので、服を選ぶのが難しいです。
Tシャツも似合わなくて……

A. # 洋服をキレイに着たいなら
まずはブラジャーで整えること

洋服選びの前に、まずはブラジャーを替えた方がいい。バストが大きい人向けに、小胸に整えるブラジャーが存在するから。あくまで洋服をキレイに着たいなら、そうしたアイテムを活用してみましょう。次に過剰にタイトなシルエットのトップス、さらに淡色のものは避ける。淡色の洋服は、膨張して見えちゃうんですよね。もし体にピタッと沿うトップスを着たいなら、縦にリブが入っているものがおすすめです。すっきり見せてくれますよ。

Q. これから同棲を始めます。
気をつけた方がいいことはありますか?

これはですね、結婚を最終目的にしているかどうかで変わってくると思うんですけど。結婚を最終目的にした同棲ならば、同棲する初めの段階で「いついつまで同棲して、その時も仲が良かったら籍を入れたい」と明確にしておくことをおすすめします。「いつプロポーズしてくれるんだろう?」って思いながら待つ状態は非常にイライラ、モヤモヤしますしね。

もう一つは彼のお母さんにならないこと。お世話しすぎないことも、彼を管理しようとしないことも、すごく大事だと思う。口出しをして管理しすぎないで、彼をちゃんと立ててあげる。私たちと同じように男の人もやっぱり外で戦ってくるわけじゃない? だから家を「あぁ、ここが僕のホームだな」「心が安らぐな」って思える場所にできるといいですよね。「早く帰りたい」「彼女に今日あったことを聞いてもらいたい」って思ってもらえるような関係と環境をつくるのを、ぜひ意識してみてくださいね。応援しています!

A.
お母さんにならないことが大事

Q. 真理子さまの究極の3着を教えてください

A. 私、どっちかっていうと
スティーブ・ジョブズタイプです

服屋が言っちゃいけない一言なんですけど、私の普段の
ファッションはスティーブ・ジョブズタイプです。自分
にとっての鉄板白アイテムを制服化しています。

1の白ワンピはお家芸。レースはOKだけど、リボンはな
しで。美容のお仕事の日はこれです。白は膨張色なので、
着痩せして見えるかを意識します。ワンピに関しては縦
のラインがどこかしらに入っていたら速攻試着して、似
合えば買う。Nº21の白ワンピはレースを縦に切り取って
いるので、痩せ見えに貢献してくれます。

2はワーママの鉄板コーデ。商談でも、ママ友のランチ
会でも間違いない。誰にも迷惑をかけないし、特に自分
が話題に上らない。やっぱりポイントは痩せ見え。肉感
を拾わないことがミセスのファッションには大事だと思
うので、地厚なツイードは助かります。大人の肉感は罠。
仮に痩せていても肉感を拾うとだらしなく見えます。

3は縦のラインを意識したパンツスタイル。上下を同色
にすることで境目をなくして、「どこまでがウエストだっ
け?」「どこからが股下だっけ?」と意識させないこと。白
なら優しそうな雰囲気になるので、初めましての人がい
る日や自分以外に演者がいるモデル撮影の日に。

one-piece_ **N°21**

bag_ **Hermès**

shoes_ **Gianvito Rossi**

blouse_ **Chloé**

skirt_ **DRAWER**

bag_ **&.NOSTALGIA**

shoes_ **Gianvito Rossi**

knit_ **DRAWER**

pants_ **Deuxiéme Classe**

bag_ **Hermès**

shoes_ **Gianvito Rossi**

Q. ギフトを贈るならどんなアイテムがおすすめですか？

around ¥3000

ちょっと疲れてる相手へのプチギフトには労り系を

1
SHIGETA PARIS
ローズダイブ
バスソルト

2
WELEDA
バスミルク
ミニセット

3
ReFa
リファ
ハートブラシ

4 PAUL & JOE BEAUTE
ビューティー ミラー

5
SHIRO
ホワイトリリー
ファブリック
ソフナー

6
uka
スカルプブラシ
ケンザン ソフト

1
女性に贈るならローズの香りが鉄板。優雅な香りに包まれながら、バスソルトならしっかり汗もかけてすっきり。285g ¥3135／SHIGETA PARIS

2
旅行や出張にも嬉しいミニサイズセット。（ラベンダー／ローズマリー／アルニカ／シトラス／モミ）各20ml 5種セット ¥2970／ヴェレダ・ジャパン

3
髪の絡まりをキャッチする「ほぐしピン」とキューティクルを整える「みがきピン」の2種類で、とかした瞬間にさらツヤ。ヴィジュも可愛い。¥2970／MTG

4
顔全体が映り、薄くて持ちやすいサイズ感。上品なデザインでメイク直しのたびにアゲ。¥3080／ポール & ジョー ボーテ

5
植物由来の柔軟成分で洋服をふんわり仕上げながら、清潔感のある「ホワイトリリー」の香りを纏う。500ml ¥2860／SHIRO

6
シリコン製のブラシは、頭皮マッサージやツボ押しに。すでに1個持っている人も多いので、2個持ちで時短頭皮ケア。¥2420／uka Tokyo head office

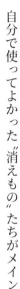

自分で使ってよかった "消えもの" たちがメイン

1
SABON
フェイスポリッシャー
リフレッシング

2
CHANEL
シャネル ルージュ ココ ボーム
924 ／ 912

3
AVEDA
パドル ブラシ

4
CHANEL
ユイル ア
オングル

5 SHIGETA PARIS
インナーピース バスソルト

1
角質ケアとうるおいケアを
兼備した、毛穴レス肌を目
指すスクラブ洗顔。肌がつ
るんと柔らかくなってメイ
クのりも◎。200ml ¥49
50／SABON Japan

2
オイル成分により、ケア効
果が高いリップスティッ
ク。重ね塗りで好みの発色
に仕上がる「924」。パール
で素唇を明るく見せる
「912」。／私物

3
頭皮に刺激を与えながらブ
ラッシング。シャンプー前
に使うのが特におすすめ。
ブラシへの刻印サービスを
利用して、スペシャル感を
上乗せ。¥5060／アヴェダ

4
指先に馴染ませるとジェル
からオイルに変わる、ネイ
ル用トリートメントオイ
ル。スリムなリップサイズ
で、持ち歩きにも便利。
11ml ／私物

5
その日の心の状態に合わせ
て香りが選べる。(インナ
ーサイレンス／インナーハ
ピネス／インナーカレッ
ジ) 各150g 3種セット¥
4290／SHIGETA PARIS

around ¥10000

ラグジュアリーな気分へと誘う香りとスキンケア

1
Jurlique
スキンバランシング
フェイスオイルN

2
Diptyque
香りのオーバル
ローズ

3
AROMATHERAPY ASSOCIATES
ライフエッセンシャルズ N

4
LA MER
ザ・リップ
ボリューマイザー

5
Maison Margiela
レプリカ
ヘアミスト
レイジーサンデー
モーニング

7
YON-KA
ゴマージュ スクル
ヴィタリテ

6
BAUM
アロマティック
ルームスプレー
ウッドランド ウインズ

1
ナチュラル派の人に贈りたい、植物オイル×植物エキスの美容オイル。心がほどけていくようなブレンドハーブの香り。50ml ¥8580／ジュリーク・ジャパン

2
オーバルのメダイヨンにローズの香りのワックスをセット。リビングやクローゼットの中などに掛けて、香りを楽しんで。¥8470／ディプティック ジャパン

3
バス&シャワーオイルの人気の3種類がセットに。(ディープリラックス／マインド／モーニング) 各9ml 3本セット¥7920／シュウエイトレーディング

4
唇にパールのような輝きとボリューム感を与えるリップトリートメント。リップ下地としても、手持ちのリップスティックに重ねても。¥9900／ラ・メール

5
ほんのりと香りを纏えるヘアミストは、ぜひ接客業の人に。清潔感たっぷりの洗いたてのシーツの香り。30ml ¥9350／メゾン マルジェラ フレグランス

6
お洒落な人の家のインテリアにもマッチする、樹木由来のモダンな香り。森林浴をしているように清々しい気持ちへリセットしてくれる。100ml ¥6160／BAUM

7
ブラウンシュガーとホワイトシュガーの2種類のシュガースクラブ。マンダリンの香りが広がり、スパに来たような気分に。200ml ¥9350／ヴィセラ・ジャパン

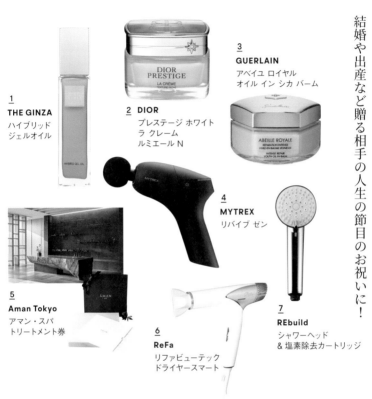

around
¥50000

結婚や出産など贈る相手の人生の節目のお祝いに！

1
THE GINZA
ハイブリッド
ジェルオイル

2 DIOR
プレステージ ホワイト
ラ クレーム
ルミエール N

3
GUERLAIN
アベイユ ロイヤル
オイル イン シカ バーム

4
MYTREX
リバイブ ゼン

5
Aman Tokyo
アマン・スパ
トリートメント券

6
ReFa
リファビューテック
ドライヤースマート

7
REbuild
シャワーヘッド
＆ 塩素除去カートリッジ

1
シルクドレスを纏ったようなめらかな肌に。様々な肌質や環境に対応する「パーセプティブコンプレックスEX™」を配合。100ml ¥27500／ザ・ギンザ

2
美白とともにリバースエイジングを叶える。輝きとツヤがUP。96%以上が自然由来成分。50ml ¥50600／パルファン・クリスチャン・ディオール

3
ミツバチが生む高い修復力を研究してきたゲラン。高純度のハチミツにシカワックスを配合し、潤いのバリアでゆらぎ肌を整える。80ml ¥33000／ゲラン

4
ボディメイクに励むプレ花嫁さんや出産後のママのボディメンテナンスに。細かい振動で筋肉をほぐすことで可動域が広がる。¥25960／創通メディカル

5
アマン東京の静謐な空間にて、体調や肌状態に合わせたカスタムメイドのトリートメントを体験できる。トリートメント 60分 ¥44275より／アマン東京

6
速乾・軽量・美しい仕上がりの三拍子揃ったコンパクトドライヤー。頭皮と毛先、それぞれに最適な温風冷風を自動で切り替え。¥38000／MTG

7
マイクロファインバブルと脱炭素のW機能を搭載したシャワーヘッド。さらに重炭酸タブレットをセットすることで「浴びるエステ」に。¥33000／リビルド

Q. 「皮膚の変態」的、ドラコスの神アイテムは？

A. 「餅は餅屋」。仲良しの若い YouTuber に教えてもらった 名品を紹介します

何事も自分が詳しくないジャンルについては、人の意見を聞くように心がけています。デパコス信者として生きてきた私。ドラコスに関しては、仲良くしてくれている若いYouTuberに聞きまくって、たくさんの名品と出会うことができました。どれもお値段以上の実力で、めちゃくちゃいい！　やっぱり「餅は餅屋」ですね。

skincare items

NIVEA UV
ディープ
プロテクト＆
ケア ジェル

Curél
ディープ
モイスチャー
スプレー

QUALITY 1ST
ダーマレーザー
スーパー VC100
マスク

TRANSINO
薬用ホワイトニング
フェイシャル
マスクEX

HADALABO
極潤
ヒアルロン
泡洗顔

1田中みな実ちゃんのCMで気になって購入。乾燥小ジワが目立たなくなるほど、うるおいがすごい。〈SPF50＋／PA＋＋＋＋〉80g ¥1078※編集部調べ／ニベア花王　**2**会社の乾燥対策用の置きコスメ。うるおいを与えるセラミド機能成分と肌荒れを防ぐ消炎剤が心強い。[医薬部外品] 150g ¥1980※編集部調べ／花王　**3**4種類のビタミンCを高濃度配合した、高コスパ集中ケアマスク。7枚 ¥770／クオリティファースト　**4**日焼け直後に欠かせない、トラネキサム酸配合のレスキューマスク。[医薬部外品] 4枚 ¥1980※編集部調べ／第一三共ヘルスケア　**5**泡タイプの洗顔料で洗い上がりがしっとりなのがめずらしい。160ml ¥660※編集部調べ／ロート製薬

make-up items

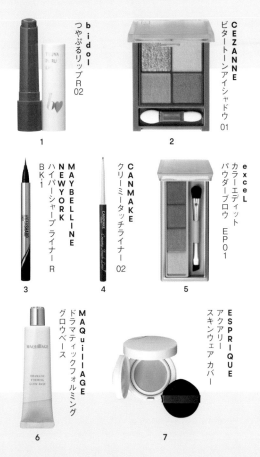

bidol
つやぷるリップR 02
1

CEZANNE
ビタートーンアイシャドウ 01
2

MAYBELLINE NEWYORK
ハイパーシャープ ライナー R BK-1
3

CANMAKE
クリーミータッチライナー 02
4

excel
カラーエディット パウダーブロウ EP01
5

MAQuillAGE
ドラマティックフォルミング グロウベース
6

ESPRIQUE
アクアリー スキンウェアカバー
7

1「告白PINK」というネーミングの誰でも可愛くなれる色。発色とうるおい、色持ちのバランスがよく、さっと塗りで決まる。¥1540／かならぼ　**2** プチプラとは思えない、なめらかな質感のパウダー。透け感のあるマットカラーで大人の目元をはっきり見せて、しかも捨て色なし！　¥748／セザンヌ化粧品　**3** 汗にも皮脂にも強い、夜までにじみにくいアイライナー。極細0.01mmの筆で不器用さんでも失敗なし。¥1419※編集部調べ／メイベリンニューヨーク　**4** 何本もリピートしている名品ライナーは、目のキワに仕込むブラウン。なめらかな描き心地で、細さも絶妙。¥715／井田ラボラトリーズ　**5** 眉毛をナチュラルにトーンアップして、ふわっと優しそうな眉をつくる。¥1595／常磐薬品工業　**6** シアーブルーが肌を明るくして、色ムラと毛穴をカバー。どんなファンデーションとも相性がいい下地。〈SPF30／PA+++〉30g ¥3300※編集部調べ／マキアージュ　**7** 美容液の保湿力と持続力を兼ね備えた、崩れにくいファンデーション。〈SPF50／PA++++〉13g 全3色 ¥3300※編集部調べ／コーセー

Q. 40代、髪型を変えるタイミングが分かりません

A. 私もです（笑）

ついこの間まで私も同じように悩んでいました。これから先、一生同じ髪型かもって思ったら急に変化が欲しくなって。そんな時こそ、まさに変えどき！　私は思いきってロングからミディアムにカットしたのですが、変えたら変えたで、今まで全く変わらなかった私の髪型を周りの人も気にしていたみたいで（笑）。「真理子、切ってよかったね〜」「なんかまた前と同じ髪型に戻ってきてるよ」と、後戻りしないように教えてくれるようになりました。

Q. 真理子さまはいつも何を食べていますか？

A. 栄養と嗜好品を完全に分けて調整しながら食べています

執着心が強いので、「今日はチョコが食べたい」と思ったら絶対食べちゃう。なので基本的には食べたいものを食べるスタンスですが、"栄養を摂るもの"と"嗜好品"とで分けて考えるようにしています。その意識を持つことで、前後の食事が変わってくるから。例えばお菓子やジャンクフード、小麦は"嗜好品"。めっちゃお腹が空いている時でも目の前に菓子パンしかなかったら、食べないかな。あとは太ったなと思ったら、夜を抜くようにする。3〜4日抜けば元に戻るから。

Q. ダウンタイムのケアに
おすすめのアイテムはありますか?

A. # ダウンタイムの大敵は乾燥!
とにかく保湿を心がけること

ダウンタイムはかゆみが出たりすることもあるので、髪の毛が肌に触れないようにすることを意識しています。そしてとにかく大敵は乾燥。保湿重視のスキンケアを心がけましょう。敏感肌用のスキンケアを使うのもいいですね。あとダウンタイム中は家で静かにしている人が多いけど、実は大人しくすればするほどむくむんです! できるだけ動いて、全身の巡りをよくしてくださいね。

保湿&鎮静ケアの組み合わせで肌を守る

1カプセル化されたヒアルロン酸で肌がふっくら。鎮静ケアもお任せの美容液。テラスキン 30ml ¥7700／クリスティーナジャパン **2**角質層の根幹であるインボルクリン・NMF・セラミドを独自成分でサポート。トラブルでゆらがない肌に。メディプラスゲル 180g ¥4400／メディプラス **3**敏感肌やアトピーに悩む人を助けたいという想いで作られた優しい化粧水。スキンディライト ローション 150ml ¥6050／リンカー **4**鎮静効果のあるEGF配合のミストで、こまめに保湿。霧状で刺激もなく、ストレスフリー。ブライトリーモイストシャインミスト 120ml ¥7920／レカルカ

美の総合点を
上げるなら

「細部」に宿る
美しさのハナシ

ふと、指先や口周りを見てみる。
美しい人は「細部」まで抜かりがない。
きっとそれがスタンダードだからだ。
細部ケアをすると肌までキレイに見えて、
美の総合点がますます加算される。

Beauty is in the details

「神は細部に宿る」は美容の真髄かもしれない

エイジングサインが口の横に出現

「可愛いと思っているかもしれないけど、その口をすぼめる癖、やめた方がいい」
ほぼ悪口じゃん。とツッコミを入れる前に、皮膚科専門医の友人は続けた。
「口の周りのシワは、エイジングの象徴だよ」
言われてみれば、芸人さんがコント内でおばあちゃん役をする時、口の周りにちょんちょんと線を書く。それだけでぐっとおばあちゃん味が増すように思える。
友人にこれを言われたのは4年ほど前のことで、当時は何を言ってるのかよく分からず、相変わらず口が悪いなと思った程度であった。
唇というパーツは、エイジングを気にする順位としてはかなり下の方だと思う。
私のSNSに日々寄せられるエイジングのお悩みはほうれい線、おでこのシワ、目のくぼみ。口周りであっても、口横のポニョっとしたたるみが先だ。
しかし先日、仕事を終えてふと鏡を見た時、唇の両脇にちりめんジワを見つけた。
思わず手で触れ、トントンと馴染ませてみたけれど、確かにそこにシワの跡がある。
その顔はかなり疲れて見え、こんなに小さなパーツのビジュアル破壊力の強さに思わず息を呑んだ。

唇はよく動く。
それゆえに、ちょっといじるだけでものすごく「やった感」の出る場所だ。
唇にヒアルロン酸を入れた人に
「自然でしょ？」
と言われた時、返答に困る確率5割。
「そうだね！　すごく自然」以外に回答の選択肢はないに決まってる。
そのほかにアヒル口にするための口の両サイドのオペや、鼻の下を切って若見えさせるオペもあるが、「やればやるほど変になるパーツ」ぶっちぎり1位だと思う（真理子調べ）。口を閉じた時には良い感じでも、動くと違和感を覚えざるをえない。
検討されている方はどうか名医と出会ってください。
話は戻って、ちりめんジワを見つけた私はとてつもなく焦る。最近では、唇とその周辺をケアする美容液というものが出ているので、毎晩それを塗るようになった。
人というのは気にしだすとそこばかりに注目してしまうもので、テレビを観ては出演者の「唇ちりめんジワチェック」をしてしまう。「ほら、キレイにしててもやっ

ぱり唇にはエイジングが出てるね」と意地悪なことを思ったりする。

唇自体も、もう何百回と口紅を塗られ続けているから、色素沈着を起こしてくすんだり、縦ジワが目立ったりしてくる。ティントリップは発色が素晴らしく、メイクも長持ちするけれど、どうかメイクオフの時にはキレイにするんと落ちてくれと思う。
だから、ケア力が高くて発色も良いリップアイテムは、いつだってメイクポーチのスタメン入りだ。

あぁ。お手入れ強化パーツがまた増えた。
お風呂から出て寝る前に様々な箇所に保湿を施した私の顔を見て、夫が思わず「テッカテカだね」と感想を述べる。
それを聞いた息子が、横で「テッカテカ！　テッカテカ！」と小躍りを始めた。
疲れているから笑えもしない。
黙ってベッドに潜り込み、耳にイヤホンを突っ込んでNetflixをつける。
さようなら、現実。
夢を見ている間に、どうかすべての化粧品が私の皮膚に浸透しますように。
小さな願いが叶うことを信じて。

Q. リップケアとハンドケア、本当に効くアイテムを教えて！

A. # リップは用途によって、ハンドはさらっと浸透系

さらふわのシルクスキンへ

美白有効成分コウジ酸を配合

手を洗った後も続く保湿効果

UVカットと美白ケアを一本で

爪の根元をコロコロ、いい香り♡

塗ってすぐ作業ができるさらさら系が好き

Hand Care

ハンドケアアイテムは、全体的に似ているテクスチャーが多いかも。保湿
力はあるけど伸ばしたらさらっと浸透して、ヌメヌメ残らないもの。こま
めにケアしたくなるように、香りのいいものを選ぶのもポイント。

(左から) うるおいは持続させながら、感触はシルクのようにさらっと。センサイ インテンシブハンドクリーム
100ml ¥9350／カネボウ化粧品 薬用美白ハンドクリームで目指すは全身白肌。エクシア AL グランド エター
ナル ハンド [医薬部外品] 110g ¥8800／アルビオン うるおいの膜で密着コーティング。エスト ブライトニン
グ リペア ハンドセラム [医薬部外品] 50g ¥2750／花王 盲点になりがちな手元のUVケアに。FTC ザ ホワイ
トニング ハンドセラム PW [医薬部外品] (SPF25／PA+++) 30g ¥3520／FTC 仕事で頑張った自分から、
一人の女性に戻る18:30をイメージした香り。uka ネイルオイル 18:30 5ml ¥3960／uka Tokyo head office

口元をトータルケアする美容液

密着して唇の上にずっとのっていてくれる

ビタミン豊富で高いケア効果！

紫外線と乾燥からプロテクト

ケア効果×ボリュームUP

目的別に何種類か持っておくと便利

Lip Care

リップケアアイテムは、用途によって使い分けています。長時間保湿できるもの、UVカット効果があるもの、そしてケア効果が高いもの。唇だけではなくて、唇周辺までケアできる美容液がニューカマー。

（左から）「こんなの求めてた！」な口元用エイジングケア美容液。センサイ トータルリップトリートメント 15ml ¥11000／カネボウ化粧品　美容系の人の唇にずっとのっているツヤツヤの正体は、このリップ。リビジョン スキンケア ユースフルリップ 9.4g ¥5500／ビッグブルー　縦ジワの目立たないふっくらリップに。ブライテスト リップエッセンス 10g ¥2200／FATUITE　唇もUV対策！ ソワン プロテクトゥール レーブル〈SPF30／PA＋＋＋〉4g ¥6600／クレ・ド・ポー ボーテ　ビタミンA誘導体をはじめ、エラスチン、コラーゲン、ヒアルロン酸を配合。オバジ ダーマパワーX リップエッセンス 10g ¥1650／ロート製薬

A. 顔の中の白い要素は白く、
指はほっそり長く見える色を

乾燥と疲れ目ケア

瞳をクリアにするアイテム

瞳は顔の中にある白い要素だから、白くするケアをして顔全体の透明感を高めたい。また目がしょぼしょぼすると眼瞼下垂（まぶたが下がって視野が狭くなる）状態を引き起こす要因にもなるので、乾燥と疲れ目のケアはしっかりと。

1 目の疲労感の軽減、睡眠の質向上をサポートするサプリ。ミラグ ロAG サプリ 90粒 ￥12960／リジュベネーションシステム 2 コンタクト装着で負担のかかった疲れ目を改善。Vロートコンタクトプレミアム[第3類医薬品] 15ml ￥1650※編集部調べ／ロート製薬 3 ちゅるんとした透明感とまろやかピンクのカラコンもおすすめ。トパーズ クリームローズ 10枚入り￥1760／PIA

毎日コツコツ美白ケア

歯の白さが増

1 着色汚れを分解する、韓国で話題の歯磨き粉。ビューセン ニュー28 ホワイトニング歯磨き粉／私物 2 口臭ケアのためにハーブエキスで口内を洗浄。マウスウォッシュ 50ml ￥2200／ヴェレダ・ジャパン 3 週1回のディープクレンジングで歯の集中美白。オーラツー プレミアム クレンジングペースト プレミアムミント 17g ￥715※編集部調べ／サンスター

所作を美しく見せるネイル

肌よりワントーン濃い色を

手元がキレイに見える、肌よりワントーン濃いピンクベージュを選んでいます。私はブレスネイル 表参道 (@bracenail0208) の森実まりさんにお願いしていて、今回のネイルカラーも一緒に選んでいただきました!

1肌に馴染みながら、透明感を引き出す。ネイル カラー ポリッシュ 06 ¥2750／SUQQU **2**つるんと上品なツヤも添えてくれる。二度塗りがおすすめ。ネイルエナメル BE340 ¥2200／コスメデコルテ **3**爪と肌を同色で繋ぐことで、指が細く長く見える。エクシア ヴェルニ 6 ¥2750／アルビオン **4**手元に明るさをもたらす、ヌーディピンク。ジェルのような持ちのよさ。ディオール ヴェルニ 100 ¥3960／パルファン・クリスチャン・ディオール

歯も顔の中にある白い要素の一つ。私の場合は噛み締めが強くてセラミックが使えないので、自分の歯が少しでも白くなるように一生懸命ケアをしています。

す デンタルケア

Q. 見えないところのケア、どうしてますか？

A. やった方が調子がいいから、
マストではないけど私はする

1
生姜で体を温めて血流をよく

2
貧血と向き合う鉄サプリ

3
ビタミンCは内服も不可欠

4
混ぜても味が変わらない食物繊維

5
食物繊維×乳酸菌で腸活！

6
美容と健康にはプラセンタ

インナーケアはもはや人生の一部です

Inner Care

インナーケアは肌荒れと不快な時間を減らすために。マ
ストではないけど、飲んでいた方が調子がいいから！
ビタミンCはめちゃくちゃ摂るし、腸活を意識した食物
繊維も、飲まないで生きてきたことがない。

1冷たい飲みものが飲みたい時は炭酸割りに。飲む生姜の力 265ml ￥1080／セゾンファクトリー　**2**鉄分・亜鉛・葉酸・ビタミン類など、女性に不足しがちな栄養素を配合。リボル エッセンシャルズ 60粒 ￥4980／カート　**3**肌にまで届かせるためには、ビタミンCのスキンケアに加えて数時間おきの内服も。ビタホリックC 248粒 ￥4290／mukii　**4**飲み物や料理にさっと溶ける水溶性食物繊維。FTCリセットファイバー 30本 ￥5292／FTC　**5**抹茶風味の腸活青汁。FTCの「飲む腸活」と混ぜて飲むのもおすすめ。ベジホリック 32袋 ￥4290　**6**バージンプラセンタで、弾むような毎日を！　ぷるはだプラ巣 62粒 ￥5940／ともにmukii　**7**グリーンクレイには保湿成分もたっぷり。アルジタル デリケートハイジーンソープ 250ml ￥2860　**8**顔と同じく、乾燥&ハリ不足になりがちなデリケートゾーンを保湿。ワフィット インティメイト オイル 30ml ￥8800／ともにコスメキッチン　**9**肌に優しく、吸湿性と通気性に優れたコットン。ナチュラムーン 生理用ナプキン 多い日の昼用 羽なし 18個 ￥550／ビープル

9

7

8

コットン100％のふかふかナプキン

グリーンクレイですっきり洗浄

8種類のオイルでふっくら

まずは取り入れやすいところから

Femme Care

植物療法士の森田敦子さんの『潤うからだ』を読んで、フェムケアに興味を持ちました。フェムケアがこんなにポピュラーになる前、産後にボディ用のごま油を塗ったりも。今は娘と一緒に愛用しているものが多いです。

My son and me.

7

困った時はプロに相談

医療の力を
上手に借りよう

自分ではどうしようもない
"皮膚"や"形"の悩みは、
より早く、的確に解決するために、
プロの力を借りるのも一つの手。
専門医の選定と冷静な判断を！

Medical power

Q. ドクターズコスメはどう使う？　どう選ぶ？

A. 専門医の指示をあおぎながら使えるから
　　悩みにダイレクトに向き合えます

> ドクターズコスメの
> 良い点を医師とトーク

真理子（以下・真）：柳下先生とは、実はママ友！　今日はドクターズコスメについて教えていただきます。そもそもドクターズコスメと市販の化粧品の違いとは？　柳下先生（以下・柳）：今回は代表的なエンビロン・リビジョン・ゼオスキン製品に関してお話しさせていただきますね。これらは医師が開発した化粧品で、かつ医師の診断(エンビロンではディプロマのあるエステティシャンのカウンセリングでも可)を受けて、患者の肌に合わせた製品を提案してもらいます。

真：肌のプロが開発した化粧品なので、肌悩みと向き合うことに特化していますよね。そして使う目的が明確。柳：そうですね。医師が各種化粧品の成分や目的を把握しているので、人によっては赤みや皮むけなどの副反応を伴いますが、その代わり分かりやすい皮膚の変化をもたらすことができます。　真：早く、集中的に肌悩みを解決したい人にはおすすめですよね。柳：はい。定期的な診断で必要な化粧品は追加し、不要なものはなくす、または変更するなど、肌状態に合わせて治療を

早く、集中的に肌悩みを解決したい人におすすめ ── *by* 真理子

進めることができます。真：ドクターズコスメにもさまざまありますが、どのように選ぶといいでしょうか？柳：まずは「ニキビや皮脂を減らしたい」「小ジワが気になる」など、ご自身がどんな肌になりたいかを決めて、主治医に相談していただくといいと思います。そのうえでご希望のブランドでの治療が可能か、他のブランドに変更、もしくは併用した方がいいかなどを提案しています。　真：副反応を気にされる人も多いですが、ドクターズコスメ使用時の注意点は？　柳：使用方法は必ず主治医に確認し、その通りに使ってください。SNSで見た方法に勝手に変えてしまうと失敗しやすいです。肌は一人一人違いますので、誰かと一緒ではなく、ご自身に合う製品や使用法を医師に選んでもらうことをおすすめします。困ったことがあれば、処方してくれた医師に確認し、説明してもらうことが一番大事です。

定期的な診断でご自身の肌に必要・不要が明確に分かる ── *by* 柳下先生

赤坂ステラクリニック
院長
柳下 悠先生

㊟東京都港区赤坂3-4-3
APA赤坂ゲイトウェイビル5F
☎03-3585-3741
㊙10:00〜19:00※曜日により異なる
㊡木・日

　＊P139〜141の使用コメントは、大野さん個人の感想です。

Q. 3大ドクターズコスメの特徴を詳しく教えてください

A. 初心者には「エンビロン」!

☑ 死角なしの全方位ケア

☑ 混ぜて使えて時短!

ビタミンAにビタミンC、それにペプチド。美容液やクリームなど3〜4種類を全部混ぜて使えるのがポイント。自分だけのオリジナルがつくれます。肌悩みに全方位から、しかも超時短でアプローチできるのが助かる!

1 ヴァイブランス マスク

2 C-クエンスセラム 4プラス

3 フラウンセラム

4 ゴールド コスメティック ロールキット

5 C-ブーストクリーム

6 モイスチャーACEオイル

1) ピーリングで取り去るイメージが強い、角質ケア成分のAHAを配合したクリーム。「塗るフェイスリフト」とも呼ばれているクリームなら、ハリケアだってお任せ。50ml ¥9570

2) ビタミンAを継続していくことは、肌にハリを貯金していくこと。濃度がステップアップ方式なので、初めてビタミンA製品に挑戦する人にもおすすめ。35ml ¥26400

3) 3種類のペプチドが配合された、みずみずしいジェル状の導入美容液。目尻や眉間などのエイジングに伴う表情サインに働きかけて、ピンッとしたハリ! 20ml ¥18040

4) 美容液成分の浸透する、突起付きロールキット。微細な突起にはほどよい"ちくちく"感があり、目周りの小ジワを短時間で退治したい時に活用したいアイテム。¥47960

5) 角質層まで浸透する、脂溶性ビタミンCを配合したクリーム状美容液。ジェルやクリームなど、エンビロンの他のアイテムと混ぜて使うのもおすすめ。25ml ¥6930

6) 肌にハリとツヤ、うるおいを与える、ビタミンA・C・E配合の多機能美容オイル。産後の脱力バストの救世主的存在。100ml ¥9790／すべてプロティア・ジャパン

A. 肌を耕してくれる「リビジョン」!

☑ ペプチド技術が
トップクラス

☑ 肌を耕してふっくらさせる

ドクターズコスメには、ピーリングで取り去る、代謝するアプローチのアイテムが多い印象ですが、リビジョンは肌を耕してふっくらさせるイメージ。ペプチド技術で肌に厚みが出るため、特に年齢を重ねた肌におすすめです。

C+コレクティングコンプレックス30％

DEJデイリーブースティングセラム

リボックス スキンスムージングセラム

ユースフルリップ

DEJナイトフェイスクリーム

1 2 3 4 5

1） 高濃度かつ高純度の脂溶性ビタミンCを配合した美容液。赤みを抑える効果のほかにも、ニキビが気になる肌も健やかに。30ml ¥21780

2） ヒマワリの芽から抽出したエキスが特徴の美容液で、朝晩のハリケアを。自力での産生エネルギーが低下して皮膚がゆるみ、たるみがちな年齢肌に。30ml ¥29700

3） ハリにアプローチする8種類のペプチドの効力は、「塗るボトックス」と呼ばれるほど。肌の弾力がUPして、小ジワやほうれい線もふっくら。30ml ¥27280

4） ドクターズコスメラバーの支持率No.1リップは、ペプチドに強いリビジョンの隠れ名品。グロスのような重めのテクスチャーで、ずっと唇を守ってくれる。9.4g ¥5500

5） ハリケアに特化したペプチドに、夜用ピュアレチノールとバクチオールのコンビネーション。四方八方からハリにアプローチしてくれる。48g ¥21780／すべてビッグブルー

A. 結果主義の「ゼオスキン」!

☑ まっすぐ効いてくれる

☑ 目的を持って使うこと

ニキビや毛穴の開き、ハリ不足など、自分の肌悩みにばっちりハマったアイテムを使うと、めちゃくちゃ結果を出してくれる！ なので私はライン使いをしたことはなく、目的を持ってポイントで投入しています。

ファーミングセラム　1
デイリーPD　2
RC クリーム　3
シーセラム　4
スキンブライセラム0・25　5
バランサートナー　6

1) 軽やかな使用感のジェルテクスチャーが得意な、ゼオスキンヘルスのハリケアセラム。肌がすっきり引き締まり、フレッシュな肌印象に。47ml ¥32560

2) ビタミンAの入門編としておすすめのマイルドレチノール美容液。肌に優しいビタミンA誘導体で「守りのレチノール」ケア！ 朝晩使えるハリケアアイテム。50ml ¥21780

3) 「デイリーPD」のクリームバージョン。保湿力が高く、肌のバリア機能をサポート。マイルドレチノールにペプチド、セラミドのバランスも絶妙！ 50ml ¥15400

4) 壊れやすいビタミンCを肌へ届けるために、水溶性かつパウダー状にして配合。レチノールを使った時の抗炎症剤としての併用も◎。50ml ¥15840

5) 週2〜3回夜の使用で、肌のハリもキメも一気にケアしてくれるビタミンA美容液。「とにかく本気のたるみケアがしたい」という人に推し。50ml ¥11880

6) ニキビなどのトラブルが起きないように、肌のpHバランスを整える化粧水。水分と油分のバランスを整えることで、健やかな肌に。180ml ¥7040／すべてキュテラ

Q. クリニック選びのポイントを教えてください！

A. 美容医療を受ける時は
自分の「冷静な判断」が問われます

以下のポイントを参考にしてみて！

- ☑ 専門分野を大々的に打ち出している
- ☑ 何が得意か不得意かを見極める
- ☑ 安価を売りにせず、技術を売りにしている
- ☑ 信じるなら現実の知り合いの口コミ
- ☑ カウンセラーの後に先生と話せるか
- ☑ 「VISIA(ビジア)」が置いてある
- ☑ 女医の場合は医師の顔を見て決める
- ☑ 若手に尊敬されている医師のもとへ

医師の技術力とマーケティングはそもそもは違うところにあるもの。ただやっぱり美容医療は商売でもあるから、マーケティングが重視されているのは否定できない。そこに誤って巻き込まれると、お金をつぎ込んでも状態が悪くなってしまうこともあるんですよね……。だからこそ本当に冷静な判断力が問われると思います。何よりも大事な判断材料になるのが、専門医かどうか。ポッと出の人は専門医にはなれません。毛穴とシミは皮膚科医、たるみと形の相談は形成外科医。何が専門なのか、何が得意で何が不得意なのかを調べてください。SNSを鬼チェースすると、若手がリスペクトしている医師も分かりますよ。次はなるべく口コミを集めてから行くこと。その口コミに関してはSNS上で繰り広げられたものではなく、現実の知り合いの口コミね！　注意してほしいのが、あるクリニックのハイフがいいと教えてもらったのに、そこで眉下切開なんかをしないこと。口コミをアレンジしないで、おすすめの施術だけにしましょう。

Clinic

「皮膚の変態」が信頼するクリニック **10**選

皮膚の
相談
をするなら

KO CLINIC & Lab
黄 聖琥先生

JUN CLINIC 白金
菅原 順先生

BIANCA
岩間美幸先生

毛穴やシミなどといった皮膚の相談をするなら、カスタマイズ治療がおすすめ。黄先生はカスタマイズ治療のカリスマです。解析ツールを使った肌診断の後、それぞれの肌に合ったレーザーを組み合わせていきます。

美容クリニック初心者にどこがおすすめかと聞かれたら、まずJUNクリを推薦することが多いかも。カスタマイズ治療が定額制&都度払いで受けられて、安心感があります。超コスパ良く、キレイに近づける！

皮膚の"病気"にも詳しい岩間先生。保険治療も選択肢の一つとして、親身に相談に乗ってくれるので、安心して任せられる。繰り返す大人ニキビの相談も！　院内はモダンでラグジュアリーな雰囲気。

CLINIC DATA

㊟ 神奈川県横浜市中区尾上町4-54 Kannai exビル8F
☎ 045-651-1117
㊙ 9:00～19:00
㊡ 不定休

CLINIC DATA

㊟ 東京都港区白金台3-16-13 白金台ウスイビル8F
☎ 03-6456-4997
㊙ 月～土9:00～17:45、日9:30～18:15
㊡ 不定休

CLINIC DATA

㊟ 東京都中央区銀座1-8-19 キラリトギンザ12F
☎ 050-3196-4834
㊙ 10:00～19:00
㊡ 不定休

自由が丘クリニック
松浦佳奈先生

患者さんからの指名も多く、医師向けに技術指導もされている松浦先生。自由が丘クリニックも規模が大きく、機械の種類も豊富。たとえばシミ取りをするとしても「とりあえずこの機械で」みたいなことにはなりません。

CLINIC DATA
㊂東京都目黒区八雲3-12-10 パークヴィラ2F〜5F
☎0800-808-8200
㊐10:00〜18:00
㊡無休

目黒げんクリニック
加藤真梨子先生

保険治療出身の加藤先生は慎重かつ丁寧に診てくれて、患者との信頼関係を築くことを大事にされています。目黒げんクリニックのほか、池袋駅前のだ皮膚科にも勤務されているので、スケジュールを確認してください。

CLINIC DATA
㊂東京都目黒区目黒1-6-17 Daiwa目黒スクエア8F
☎03-6420-3944
㊐9:00〜18:00
㊡土日祝日・年末年始

MET BEAUTY CLINIC
竹井賢二郎先生

賢二郎先生もカスタマイズ治療が得意な先生です。知識の深さがとにかくすごいので、安心してお任せできます。成分や治療について詳しく解説しているインスタグラム (@kenjiroooooooooo) も、ぜひチェックして！

CLINIC DATA
㊂東京都港区南青山5-11-9 レキシントン青山2F
☎03-6419-7261
㊐10:00〜19:00
㊡年末年始

形の
相談
をするなら ──────●────────●────── アート
メイク
をするなら

湘南美容クリニック
新宿本院

金 児美先生

YOUR FACE
CLINIC

山脇孝徳先生

目黒げん
クリニック

市原佑紀先生

メディスリール
クリニック

川畑友美先生

切らない二重整形こと
埋没二重のご相談は、
「二重の女王」と呼ばれ
る金先生に！ 国内外
から指名され、1万6
千人以上が金先生の手
で二重になっているそ
うです。

“切る”のが上手い、山
脇先生。人中短縮から
鼻の手術、リフトアッ
プ系まで。ボトックス
などの注入も、筋肉の
走り方を知っている必
要があるので、形成外
科の先生のもとに。

「やりすぎないこと」を
モットーにされている
佑紀先生。先生の美的
センスを信頼していま
す。沼にハマった人が
陥りがちな “ぱんぱん
ゾーン” に行かないよ
うに止めてくれます。

私は眉と上まぶたのイ
ンサイドアイラインの
アートメイクをお願い
しています。自分でも
アレンジしやすくて、
メイクさんも描きやす
いようにデザインを調
整してくれます。

CLINIC DATA

🏢東京都新宿区西新
宿6-5-1 新宿アイラ
ンドタワー24F
☎0120-5489-40
🕐10:00〜19:00
🏥無休

CLINIC DATA

🏢東京都港区東新橋
1-8-2 カレッタ汐留
47F
☎03-6280-6840
🕐10:00〜19:00
🏥水・日

CLINIC DATA

🏢東京都目黒区目黒
1-6-17 Daiwa目 黒
スクエア8F
☎03-6420-3944
🕐9:00〜18:00
🏥土日祝日・年末年始

CLINIC DATA

🏢東京都中央区新富
1-5-12 エスパシオ新
富町11F
☎03-6262-8877
🕐10:00〜19:00
🏥不定休

mariko's

Secret

room

「皮膚の変態」の
秘密の小部屋

「皮膚の変態」の日々の美容活動は、
一体どこで行われているのか?
コスメ棚からマニアックな収集物まで、
秘密の小部屋を初公開。

ワシニャンと暮らして
います。こちらはあざ
とい顔して、野性味溢
れる系のひろし（2歳）。

引き出しにぎっしり詰まったコスメたちは
「皮膚の変態」活動のパートナーです

収納アドバイザーの友人の力を借りて、コスメ棚はアイテムごとに
仕分け。どのコスメも"見捨てない""見落とさない"構成で。

	2
1	3	4

[1] 使い忘れてしまうアイテムがないように、パッと見て奥まで見渡せる構成に。「化粧水」「美白美容液」「その他の美容液」「クリーム」「ドクターズコスメ」「ヘアケア」「ボディケア」に分けて収納。クリアケースは無印良品で揃えています。 [2] シートマスクは一段で収まらなくなってから、より普段使いするように。[3] メイクコスメ類は引き出し式の無印良品のケースに収納。 [4]「クッションファンデ」「日焼け止め」など、アイテムごとに分けて引き出しに。破裂しないように、コスメの入れ替えは1ヵ月に1回しています。

永遠に集めてしまうミニボトル。
シルバニアファミリーに
熱中した幼い頃のように

シルバニアファミリーを集めるような感覚で、
愛でながら収集しているミニボトルたち。
旅先で肌のコンディションをキープしながら、
新しいアイテムと出会える楽しさも
ミニボトル収集の醍醐味です。

[左から] B.Aは化粧水と
乳液でスキンケアステッ
プが少ないのに、どの国
に行っても満足できる仕
上がり。センサイはみん
なが欲しいベストセラー
が全部揃っている、アド
ベントカレンダー。FA
TUITEは対乾燥！ 喉が
痛くなるくらい乾燥した
ホテルでも対抗できる保
湿力。エストは顔からボ
ディまで、フルでケアで
きるラインナップ。

耳元にパールがあると肌が明るく見えることに気づいてから、パールや光りも
のなど、肌がキレイに見えることがジュエリーの選定基準。カラー診断をしても
らうとゴールドもホワイトも両方いけるとのことで、全然節約できません（笑）。

エキゾチックショートヘア
のココア（8歳）は、ひろし
のお姉ちゃん的存在。ワン
ニャンはとても仲良しで、
よく一緒に遊んでいます。

この本を手に取ってくださったみなさまへ

ただの美容好きだった私がインスタライブをやり始めたのは、
ちょうどコロナ禍の前あたりからでした。
スマホに向かって美容情報を発信し続け、
たくさんのフォロワーのみなさまと出会うことができました。
少しずつ媒体からのお仕事を頂くようになり、外に出れば出るほど、
みなさまのお力を実感してとてもありがたい環境だなぁと思っています。

こうして、書籍を出版するまでに成長できたのは、
ひとえに各SNSのフォロワーのみなさまのお陰です。
心から感謝しています。ありがとうございます。

そして、「皮膚の変態」という強烈なキャッチコピーで活動することを応援し、
サポートしてくれる家族、周囲の方々にも感謝の気持ちを伝えたいです。

私はまた、美容課金旅に出たいと思います。
まだ見ぬ美容の神秘に触れ、身も心も満額になったころ、
またみなさまにお話ししに戻ってきます。

それまでみなさまどうかお元気で。
お互いに、自分らしい美容を追求していきましょうね。

みなさまの健康と幸せを祈って

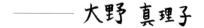
———— 大野 真理子

Shop List

【あ】

アヴェダお客様相談室 ……………………0570-003-770
AKAISHI …………………………… 054-256-5551
安心院亭 ………………………… 0978-44-2118
ADDICTION BEAUTY ……………0120-58-6683
アマトラ ………………………… 03-6228-5685
アマン東京………………………… 03-5224-3344
アユーラ ………………………… 0120-090-030
アリエルトレーディング ………… 0120-201-790
RMK Division …………………… 0120-98-8271
アルビオン ……………………… 0120-114-225
アンジェラックス ………… https://angelux.jp
イヴ・サンローラン・ボーテ ………… 0120-526-333
石澤研究所 お客様窓口 …………… 0120-49-1430
イグニス ………………………… 0120-664-227
伊勢半 …………………………… 03-3262-3123
井田ラボラトリーズ ……………… 0120-44-1184
ヴィセラ・ジャパン ……………… 03-6433-5571
ヴェレダ・ジャパン ……………… 0120-07-0601
uka Tokyo head office ………… 03-5843-0429
SK-Ⅱ ……………………………… 0120-02-1325
エドストローム オフィス ………… 03-6427-5901
f.a.products …………………… 06-6476-8772
FTC ……………………………… 0120-35-1085
MTG ……………………………… 0120-46-7222
エリクシール お客さま窓口 ………… 0120-77-0933
エレガンス コスメティックス ……… 0120-76-6995
オブ・コスメティックス …………… 03-6274-6621

【か】

カート ………………… support@revolyourself.com
花王 ……………………… 0120-165-691
花王(キュレル) ………………… 0120-165-698
花王(ビオレ) …………………… 0120-165-692
かならぼ ………………………… 0120-91-3836
カネボウインターナショナルDiv. …… 0120-518-520
カネボウ化粧品…………………… 0120-518-520
カバーマーク カスタマーセンター … 0120-11-7133
KIEHL'S SINCE 1851(キールズ)
………………………………… 0120-493-222
キュテラ ……………………………
https://www.cutera.jp/zoskinhealth/contact.html
クオリティファースト …………… 03-6717-6449

クララランス カスタマーケア ……… 050-3198-9361
クリスティーナジャパン ………… 03-6812-9867
クリニーク お客様相談室 ………… 0120-950-112
クレ・ド・ポー ボーテ お客さま窓口
………………………………… 0120-86-1982
ケーツー・インターナショナル …… 086-270-7570
ゲランお客様窓口……………………… 0120-14-0677
コージー本舗……………………………03-3842-0226
コーセー ………………………… 0120-526-311
ゴールドフラッグ ………………… 0120-02-5629
コスメキッチン ………………… 03-5774-5565
コスメデコルテ ………………… 0120-763-325
コンフォートジャパン …………… 0120-39-5410

【さ】

ザ・ギンザお客さま窓口 …………0120-50-0824
SABON Japan…………………………0120-38-0688
サンスター お客様相談室 ………… 0120-008241
SUNTEC お客様コールセンター
………………………………… 03-5787-7588
J-フロンティア・インベストメンツ(MASYOME)
………………… shop@masyome.shop-pro.jp
SHIGETA PARIS …………………… 0120-945-995
SHISEIDO お客さま窓口 ………… 0120-58-7289
資生堂お客さま窓口………………… 0120-81-4710
シュウ ウエムラ ………………… 0120-694-666
シュウエイトレーディング…………info@shuei.net
ジュリーク・ジャパン……………… 0120-40-0814
潤子ララビュール ……………… 0120-105-112
ジョー マローン ロンドン お客様相談室
………………………………… 0570-003-770
ジルスチュアート ビューティ …… 0120-878-652
SHIRO カスタマーサポート … info@shiro-shiro.jp
シン ピュルテ …………………… 0120-465-952
スイソサム ……………………… 03-6822-5148
スキンケアファクトリー …………0120-055-033
SUQQU …………………………… 0120-988-761
SNIDEL BEAUTY ………………… 03-5774-5565
スムーズスキン カスタマーサポート
………………………………… 0120-791-355
セザンヌ化粧品…………………… 0120-55-8515
セゾンファクトリー ……………… 0120-56-2243
創通メディカル(マイトレックスカスタマーサポート)

………………………………………………092-260-7366

【た】

第一三共ヘルスケアお客様相談室
………………………………………………0120-33-7336
TAKAKOスタイル……………………03-6455-0021
ディプティック ジャパン …………03-6450-5735
常盤薬品工業 お客さま相談室（サナ）
………………………………………………0120-08-1937
ドクターケイ …………………………0120-68-1217
ドクターシーラボ …………………………0120-37-1217
dr365 ………… https://dr365.co.jp/shop/contact
トム フォード ビューティ ……………0570-00-3770

【な】

NARS JAPAN ……………………………0120-35-6686
ナチュラルブランド ……… https://naturalbrand.jp
なつめいろ…………………………………078-335-8156
ニベア花王 ……………………………0120-165-699

【は】

BARTH ………………………………… https://barth.jp/
BAUM お客さま窓口 ………………0120-332-133
Hamee ……………………………………0120-569-565
パルファム ジバンシイ［LVMHフレグランスブランズ］
………………………………………………03-3264-3941
パルファン・クリスチャン・ディオール
………………………………………………03-3239-0618
PIA …………………………………… pia@pia-corp.co.jp
ビー・エス・インターナショナル（ポール・シェリー）
………………………………………………03-5484-3481
ビーグレン ……………………………0120-329-414
ビービーラボ …………………………0120-72-72-73
ビープル …………………………………03-5774-5565
ヒストリック …………………………052-932-7828
ビッグブルー …………………………03-6413-7344
ピュアメル ジャパン …………………03-6226-1226
FATUITE ……………………………… info@fatuite.com
フジカ …………………………………0120-01-7161
富士フイルム …………………………0120-59-6221
ブルーベル・ジャパン 香水・化粧品事業本部
………………………………………………0120-00-5130
プロアバンセ ……… proavance@proavance.co.jp

プロティア・ジャパン
…………………………… https://livactive.com/contact
ポーラお客さま相談室 …………………0120-117111
ポール & ジョー ボーテ …………0120-766-996
ボビイ ブラウン……………………………0120-95-0114

【ま】

MAROA ……………………………………https://maroa.co.jp
マキアージュ お客さま窓口 ………0120-45-6226
マルタカシルク …………………………075-463-4639
mukii ……………………………………0120-46-9289
無印良品銀座 ……………………………03-3538-1311
メイベリンニューヨーク お客様相談室
………………………………………………03-6911-8585
メゾン マルジェラ フレグランス ……03-6911-8413
メディオン・リサーチ・ラボラトリーズ
………………………………………………0120-468-121
メディプラス お客様窓口……………0120-34-8748
モンローニューヨーク ……… info@monroe-ny.com

【や】

ヤーマン …………………………………0120-776-282
ユニクロ …………………………………0120-170-296

【ら】

LAVIEN JAPAN ………………………03-6280-5766
ラ・メール …………………………………0570-00-3770
ラ ロッシュ ポゼ ……………………03-6911-8572
ランコムお客様相談室………………0120-48-3666
リジュベネーションシステム…………0120-3096-55
リビルド …………………………………0120-156-168
リンカー …………………………………03-6804-8108
レカルカ …………………………………03-6432-4354
ロート製薬（エピステームコール）
………………………………………………03-5442-6008
ロート製薬お客さま安心サポートデスク
………………………………………………06-6758-1230
ロート製薬（オバジコール）…………06-6753-2422
ローラ メルシエ ジャパン …………0120-343-432

Staff

Essay : Mariko Ohno

Photo : Yasuhisa Kikuchi(vale.)

 Younge Kim(P76-77,147-155)

 Akiko Mizuno(still)

Hair & Make-up : NADEA

Illustration : Shirofukurosya

Interview & text : Kana Hirota

Design : Kozue Muneno

Edit : Kaoru Kitahara(Kodansha)

＊本文中のP15-16、21-22、29-30、34-35、39-40、
45-46、76-89、94-45、100-101、108-109 は
FRaUwebでの連載「皮膚から始まる幸福論」を大幅に加筆・修正したものです。

「皮膚の変態」が本気で選んだ270品

悩みに「効く」コスメ

2024 年 2 月 14 日　第 1 刷発行
2024 年 4 月 25 日　第 5 刷発行

著　者　大野真理子

発行者　清田則子

発行所　株式会社 講談社
　　　　〒 112-8001　東京都文京区音羽 2-12-21
　　　　編集　03-5395-3452
　　　　販売　03-5395-3606
　　　　業務　03-5395-3615　　KODANSHA

印刷所　大日本印刷株式会社

製本所　大口製本印刷株式会社

ISBN978-4-06-534846-8